VIVRE AVEC DES HAUTS ET DES BAS

Dr CHRISTIAN GAY
JEAN-ALAIN GÉNERMONT

VIVRE AVEC DES HAUTS ET DES BAS

Un psy et un patient racontent

HACHETTE
Littératures

Ce livre est construit à partir du récit d'un patient maniaco-dépressif et des commentaires médicaux rapportés par un spécialiste de la maladie maniaco-dépressive. Ces deux approches sont présentées avec des caractères typographiques différents afin de faciliter la lecture de l'ouvrage.

Certains propos de Jean-Alain Génermont peuvent apparaître particulièrement virulents à l'égard de la psychiatrie et des psychiatres. Ils témoignent d'un vécu à un moment de sa vie. Aucune modification n'a été apporté au récit dans un but de transparence et d'authenticité.

À Jane et Julia.

Avant-propos

En 1993, j'allais vers mes quarante-six ans, la vie était belle. Notre famille vivait confortablement, notre réussite socioprofessionnelle était enviée, notre harmonie de couple sans nuages, l'éducation de nos deux filles bien réussie, nos rapports familiaux excellents, complices et solides. Je n'avais jamais pris aucun psychotrope, suivi de psychothérapie, rencontré de problèmes psychologiques, de sommeil ou de personnalité, ni eu d'arrêts maladie autres que pour une fracture et une ou deux grippes ; je n'avais jamais consommé de drogue, même douce, ni d'alcool de façon excessive. J'étais un battant, pugnace, créatif, menant une vie riche, originale, et parfaitement réussie.

Tout bascula brutalement avec l'imprévisible irruption d'une très forte crise d'excitation maniaque, suivie six mois plus tard d'une profonde dépression mélancolique. De 1993 à 1999 d'autres cycles survinrent sans que jamais les mots « maladie maniaco-dépressive » ou « trouble bipolaire » soient prononcés par les médecins, malgré quatre hospitalisations pour manie franche toujours suivie d'une phase dépressive. Cette période de six années fut un enfer pour mon épouse, nos enfants et moi-même ; faute d'informations, nous ne comprenions pas ce qui arrivait.

En 1999, la bonne voie ne vint pas du corps médical mais d'un simple libraire. Las, désemparé, ayant perdu confiance en moi mais aussi en la médecine, au bord du divorce, haï par mes filles, incapable de reprendre mes activités professionnelles, j'eus, dans un sursaut d'énergie, l'idée d'effectuer une recherche à thème sur ordinateur chez un libraire parisien renommé qui offre ce service. L'une de mes filles avait obtenu les deux noms de cette maladie par une amie, étudiante en première année de psychologie, sur une simple description de mes symptômes.

De longues méditations solitaires me faisaient pressentir depuis un certain temps qu'une meilleure connaissance de ce trouble améliorait sûrement ma situation de malade, et que le lien évident entre les rechutes ou l'intensité des crises et la qualité des relations familiales rendait nécessaire que les proches s'associent à ce travail.

Je suis rentré à la maison avec trois livres réputés sur ce sujet. Les ouvrages sur la dépression se comptent par centaines, ceux qui traitent de la maniaco-dépression sur les doigts d'une seule main. L'un de ces ouvrages m'orienta vers une association nationale de parents de malades mentaux qui me donna les coordonnées d'une association parisienne regroupant déprimés et maniaco-dépressifs. Cette dernière me permit d'enrichir ma documentation en livres et en cassettes audio et vidéo, mais aussi de rencontrer d'autres malades.

La lecture de certains livres, signés de psychiatres qui ne ressemblaient à aucun de ceux que j'avais rencontrés jusque-là, a confirmé mon intuition : il est impératif d'associer au médicament une information sur la maladie, de former non seulement le patient mais aussi ses proches. Il ne me restait plus qu'à convaincre les miens d'accepter de consacrer quelque temps à essayer de mieux comprendre ce qui nous arrivait. Ce ne fut pas chose facile : pour eux aussi la « thérapie » se limitait à la prise de médicaments ; ils ne voulaient pas m'entendre. Cette tentative a même fortement nui au climat familial.

J'avais réservé l'ouvrage le plus technique, normalement destiné aux médecins généralistes, Consensus et controverse sur la lithiothérapie, du Dr Christian Gay, comme dernière lecture. J'y ai trouvé ce que j'espérais, mais les membres de ma famille n'admettaient pas qu'ils puissent eux-mêmes avoir une influence sur le retour des crises, et m'accusaient de les culpabiliser. Je me souviens qu'à cette époque je leur parlais de « catalyseur », pour tenter de leur faire prendre conscience que leur influence n'était pas nulle.

Malgré neuf mois d'efforts de persuasion, je ne parvenais à aucun résultat ; la détérioration du climat familial était devenue telle que j'ai finalement eu l'audace de me mettre à la recherche des coordonnées de l'auteur de cet ouvrage afin d'obtenir une consultation. Après le premier entretien – en présence de mon épouse –, ma famille a progressivement accepté ce nouveau regard et a commencé à s'informer.

La chance nous a souri : allant dans le sens de ce qu'il avait écrit, le Dr Gay venait de mettre en place un premier cycle de conférences ouvert à ce type de malades et à leurs proches, à l'hôpital Sainte-Anne, que mon épouse et moi avons fidèlement suivi.

Après maintenant deux années de travail intensif, je peux affirmer avoir retrouvé une relative sérénité. La famille s'est reconstruite et consolidée. Bien sûr, le risque de rechute est toujours là, surtout si je ne respecte pas la prise des médicaments, mais il est bien plus faible qu'avant car de nombreux agents déclenchants sont désormais mieux maîtrisés. J'ai perdu six à sept ans, courant les risques les plus extrêmes parce que le corps médical n'avait jamais cherché à m'informer. La qualité de vie au quotidien que j'ai retrouvée aujourd'hui provient essentiellement de cette nouvelle méthode, car je prends toujours le même médicament.

Dans tous les domaines de la vie, lorsqu'un danger est bien décrit, bien connu, bien cerné, le risque est très fortement diminué, voire quasi éliminé. En revanche les actes les plus faciles, simples, ordinaires, pratiqués par des personnes non averties, peuvent s'avérer dangereux. Le danger tient plus à l'approche que l'on en a qu'à sa nature propre.

Jean-Alain Génermont

Introduction

« Mon humeur est instable. » « J'ai des sautes d'humeur. » « Je suis soupe au lait. » « Je vis avec des hauts et des bas... On dit de moi que j'ai mes bons et mes mauvais jours... Parfois la vie est rose, le travail facile, les rencontres sans problèmes, les projets s'accumulent, je ne connais plus de contraintes... Le lendemain, ou quelques jours plus tard, tout est noir, mon cerveau est paralysé, je ne peux plus me lever, j'ai perdu tous mes centres d'intérêt... »

« J'étais champion du monde toutes catégories, le meilleur, aujourd'hui je suis devenu une tache, un mauvais, un nul... »

« Pourquoi dormir autant ? le sommeil est inutile... j'ai tellement à rattraper ! »

« Mon entourage est limité, il n'arrive pas à me suivre, il ne comprend rien. Les gens ont peur de leur ombre. Ils sont timorés, je suis le meilleur... »

« Plus tard, brutalement, tout se casse la figure, la descente. Je suis attiré vers le vide. Mon cerveau se pétrifie, ma pensée s'embrouille. Mes désirs... je n'en ai plus. La vie a perdu sa saveur. Le temps devient interminable et se fige. Je n'arrive plus à comprendre ce qu'on me dit. Moi pour qui, il y a encore vingt-quatre heures, tout allait si vite... ma vie n'a plus de sens, je suis nul, un bon à rien. Tout ce que j'ai fait n'est que du vent, n'a aucune utilité. Je rends les gens malheureux, je suis un monstre d'égoïsme. Tout est fini. Je n'arriverai plus jamais à travailler, à aimer... »

Ces quelques phrases, fréquemment entendues lors des consultations, esquissent à grands traits ce que vivent les personnes victimes de variations d'humeur ou de moral à des degrés divers.

Notre humeur fluctue en fonction de situations, d'événements auxquels nous sommes confrontés, autant que de notre personnalité. Il arrive que ces oscillations soient particulièrement intenses, durables, invalidantes et s'amplifient en se répétant ; elles s'inscrivent alors dans l'évolution d'une maladie appelée « trouble bipolaire », anciennement dénommée « psychose » ou « maladie maniaco-dépressive ». Ses caractéristiques sont aujourd'hui bien connues. Dans sa forme dure, ce trouble touche 1 à 2 % de la population, soit près d'un million de personnes en France, avec une répartition identique hommes/femmes et 5 à 6 % si l'on intègre les formes atténuées et certains types de tempéraments. Il est à l'origine d'une souffrance individuelle très éprouvante, entraînant un taux de suicide allant de 15 à 20 %, mais il a également de fréquentes répercussions familiales : les dépressions réactionnelles des conjoints ne sont pas rares et vont aussi parfois jusqu'au suicide. Celui qui est atteint souffre de cette maladie et fait souffrir les autres.

Si ces fluctuations sont d'un degré moindre, elles peuvent correspondre à ce que l'on désigne par le terme de « cyclothymie » : les variations d'humeur sont moins durables et moins intenses, mais restent handicapantes. Des traitements stabilisateurs peuvent être prescrits, mais ce type de troubles ne relève pas en général d'une chimiothérapie et repose principalement sur des mesures psychologiques et une meilleure « gestion du quotidien ».

Au plan socio-économique, le trouble bipolaire est une des maladies les plus coûteuses. Elle est responsable d'une perte d'activité importante par « arrêts maladie » chez les salariés. Les décideurs et les créateurs étant dix à vingt fois plus touchés que la population moyenne, les conséquences financières, humaines ou sociales peuvent être graves, non seulement pour eux-mêmes, mais aussi pour ceux qui dépendent d'eux.

La méconnaissance de cette maladie et l'accès aux soins limité à un faible pourcentage des malades en aggravent fortement le coût financier et humain. Une maigre proportion de la population atteinte est identifiée précocement comme maniaco-dépressive et reçoit le traitement adapté par un médecin généraliste, un psychiatre ou le milieu hospitalier, si l'on se réfère au nombre de médicaments thymorégulateurs (régulateurs de l'humeur) distribués par an. À titre d'exemple, seulement sept cent vingt mille boîtes de lithium (médicament spécifique du trouble bipolaire) sont vendues chaque années, contre cinquante-trois millions de boîtes d'antidépresseurs.

Si, en France, en théorie, la plupart des individus ont la possibilité de se faire soigner, trop nombreux restent ceux qui subissent quotidiennement les conséquences de leur trouble, le diagnostic n'ayant pas encore été posé ou les mesures thérapeutiques pas encore bien adaptées. Souvent, le patient rechute à cause du non-respect du traitement ou des règles d'hygiène de vie, dû à un défaut d'information et à l'absence de mesures psycho-éducatives.

Pourquoi tant de souffrances alors que depuis dix à vingt ans on sait maîtriser cette maladie par des moyens thérapeutiques qui ont révolutionné le pronostic de son évolution, permettant un retour à une vie normale et productive dans la quasi-totalité des cas ?

Alors qu'il est démontré que cette maladie est accessible à différents traitements, la perception péjorative et angoissante des mots « psychiatrie », « maladie mentale », « folie », déclenche une réaction de fuite massive des patients... Ils se réfugient trop souvent dans le charlatanisme, l'ésotérisme, l'obscurantisme des sectes, se rabattent sur les paradis artificiels, aggravant ainsi dangereusement l'expression et les conséquences de cette maladie.

Des études récentes font apparaître un taux très élevé de comorbidité, c'est-à-dire d'association à d'autres troubles mentaux, plus particulièrement à l'alcoolisme et à la toxicomanie : le trouble bipolaire est alimenté par une dépendance à des toxiques dont il favorise aussi la consommation.

Il est impératif d'informer le malade et ses proches. Cet objectif ne peut être atteint dans le seul cadre des consultations d'une demi-heure chez le praticien. Il faut en effet compter plusieurs dizaines d'heures d'« éducation » pour espérer une efficacité minimale des mesures préventives, ce qui impose d'agir en amont. On ne peut plus limiter la prise en charge du maniaco-dépressif aux seuls psychotropes.

Les maladies psychiatriques restent très mal perçues, vécues comme honteuses et culpabilisantes autant par les malades que par leurs proches et, plus généralement, par l'opinion publique. Elles sont assimilées au mieux à un manque de volonté, au pire à un état d'infériorité définitif, faisant des malades des « sous-hommes » méprisables que l'on fuit ou que l'on représente de manière caricaturale. Cette attitude est à l'origine d'un préjudice considérable : le malade mental n'a pas droit à la compassion mais seulement à la raillerie, au mépris, à l'exclusion, à l'agressivité liée à la peur qu'il suscite injustement. Peut-on imaginer que notre société puisse se comporter de la même façon à l'égard des maladies physiques ? Les malades mentaux sont victimes d'un véritable racisme qui aggrave indiscutablement leurs troubles. Mais restons optimistes, cette attitude peut évoluer par une meilleure information dont les pouvoirs publics ne se préoccupent malheureusement guère aujourd'hui.

Le vocable même de « malade » prend souvent une

connotation péjorative, il est du moins vécu comme tel, et ne fait qu'accentuer la discrimination, le rejet et la perte d'estime de soi pour la personne concernée : « T'es malade ? ! » « C'est un malade ! » « Il faut être malade pour faire cela ! » Évoquer la pathologie sous les termes de « trouble », de « maladie », la dissocier de l'individu, est mieux perçu et contribue à favoriser l'alliance entre le médecin et le patient.

Il faut transformer la perception des mots qui paniquent l'opinion, souligner que le concept de « fou » appartient à un passé obscurantiste, que le fou n'existe pas, que ce mot n'a aucun sens en médecine : il n'y a que des personnes atteintes de maladies qui souffrent souvent très intensément. Il faut en finir avec ce rejet, cette discrimination. Personne n'est à l'abri de la maladie mentale comme de la maladie somatique. Ce changement d'opinion ne peut s'opérer que par une action politico-médiatique, comme celle qu'ont menée depuis peu d'autres victimes de l'ostracisme « socioconformiste » : les homosexuels.

Cet ouvrage s'adresse en premier lieu à tous ceux qui souffrent de ces fluctuations de l'humeur et qui souhaitent exercer un meilleur contrôle sur leurs variations thymiques, ainsi qu'à leurs proches.

La plupart des spécialistes de ce trouble sont convaincus de la nécessité de sensibiliser le malade par une information maximale, et d'associer des mesures psychosociales au traitement médicamenteux. Ils insistent aussi sur la formation des proches dont l'influence sur l'évolution de la maladie n'est plus à démontrer, tant dans le sens d'une amélioration que dans celui d'une complication. Le principal objectif de cet ouvrage est d'apporter des réponses à ces difficultés, de faciliter l'acceptation du trouble, de faire comprendre les objectifs des traitements, et ainsi d'optimiser les résultats thérapeutiques. Il est nécessaire que le patient devienne un véritable expert de sa maladie, qu'il soit un acteur dans les choix thérapeutiques.

Malade et médecin doivent former ce qui est actuellement appelé une « alliance thérapeutique », reposant sur une confiance mutuelle ; cela ne peut se faire sans une éducation des malades et peut-être aussi un changement d'attitude de certains médecins.

Dr Christian Gay

Chapitre 1

Sept ans de malheur

Ma première manie a été déclenchée par l'onde de choc d'un traumatisme psychologique excessivement dur et bien identifié.

À cette époque, j'étais réputé psychologiquement solide comme un roc. Par un hasard de la vie, je me suis retrouvé au cœur d'une situation fortement traumatisante, lors d'un voyage dans un pays lointain dépendant de la France. Les autorités locales, en la personne d'un sous-préfet métropolitain, m'avaient accusé d'y mener des activités politiques troublant l'ordre public. Cet homme avait été jusqu'à nous menacer plusieurs fois, mon épouse et moi-même, d'un très long séjour en prison.

J'ai encore aujourd'hui sa voix en mémoire, son accent méditerranéen, et certaines phrases prononcées lors de ces appels téléphoniques : « ... Ici j'ai tous les pouvoirs, je représente toutes les administrations, et à vingt mille kilomètres de Paris, vous et votre femme n'êtes pas près d'en sortir, c'est moi qui vous le dis... ».

Cette accusation était totalement fantaisiste, non fondée, et quand bien même elle l'aurait été, le droit à l'expression politique fait partie de nos libertés fondamentales. Ce haut fonctionnaire a donc « perdu les pédales » en construisant à sa seule initiative ce qui n'était, me prétendra-t-il au téléphone quelques mois plus tard, qu'un coup de bluff.

Il a réitéré ses menaces et les a fait appuyer par d'autres, analogues, venant de la gendarmerie. Cette insistance à vouloir faire inculper ma femme était une sorte de pression, de chantage ; il reconnaissait n'avoir aucun reproche à lui faire. C'était vraiment du harcèlement et pas un simple dérapage verbal.

Le préfet lui-même (je connaissais sa voix) s'en est mêlé et s'est fait passer deux ou trois fois au téléphone pour un simple petit fonctionnaire de son administration, feignant de ne pas comprendre ou même connaître la situation. Son subalterne s'entêtait et confirmait ses intentions en des termes effrayants. Mes nombreuses démarches auprès de toutes les autorités administratives locales pour normaliser cette situation n'avaient abouti à rien ; j'étais impuissant et isolé, sans recours possible. Ce piège sans issue m'a fait paniquer, et j'ai réagi verbalement avec une extrême vivacité défensive.

L'intervention d'une organisation internationale de défense des droits de l'homme bien connue, qui sut mieux que moi sortir de sa torpeur la hiérarchie des services de l'État, mit un point final à cette menace de « prise d'otage ». Mais il avait fallu pour cela en appeler aux plus hautes autorités. Je ne demandais qu'à être assuré par un fax ou un simple coup de téléphone du préfet que mon retour, qui m'imposait de transiter par l'île de mon « bluffeur », le sous-préfet, se passerait bien, mais j'ai reçu cette promesse... d'un très haut et très énigmatique fonctionnaire de l'Élysée. Je n'en demandais pas tant... Ensuite on a parlé de mutation, et je n'ai plus jamais été inquiété, mais mes très nombreuses tentatives pour tirer cette affaire au clair se sont toujours heurtées à une chape de plomb. Le maître mot était : « Il ne s'est rien passé... »

C'était en janvier 1989, et durant plusieurs jours j'ai manifesté quelques signes légers et discrets d'exaltation qui m'auraient échappé si cette terrible maladie ne s'était déclarée quatre ans plus tard. J'étais étrangement calme et déterminé, mais je ressentais pour la première fois cette puissante et curieuse impression d'invincibilité, associée à une grande peur trop bien maîtrisée par rapport aux circonstances. Et puis il y a eu le plus grave des délires : j'ai remis en cause mon athéisme profond. Cette terrible secousse a fait vaciller d'autres croyances, elle a modifié ma perception de la nature humaine et de la société, elle a affecté ma foi en nos prétendus grands principes de liberté, d'égalité, de fraternité, de justice, d'intégrité, et ma confiance envers le sérieux et le courage de nos « élites dirigeantes ». La supposée supériorité des valeurs de notre culture occidentale, sur celles des sociétés que l'on qualifie avec dédain d'« exotiques », a été définitivement balayée hors de mon esprit, en particulier comparées aux valeurs très respectables de ceux qui nous accueillaient. À cette époque, nous n'étions pas habitués aux « affaires » ; aucun préfet n'avait été accusé de faire brûler des paillotes, les ministres étaient protégés de la prison, aucun chef d'État n'avait été menacé ; il était inconcevable de mettre en doute la probité d'un personnage de ce niveau. En revanche, on connaît depuis longtemps la lâche prudence de la hiérarchie administrative qui, obsédée par un opportunisme carriériste, ne fait que se protéger dans un immobilisme qui confine au néant... je n'aurais pas dû me laisser surprendre à ce point.

Mon aventure paraissait si peu crédible que je finissais par douter de moi-même, par avoir l'impression que j'avais déjà déliré. Il ne me fut pas possible de rencontrer celui qui de Paris avait calmé le jeu et m'avait appelé là-bas pendant les événements. Je ne pus même pas l'en remercier par téléphone.

Quelques années plus tard, je suis retourné dans ce même pays où il est bien plus facile qu'en métropole de rencontrer les « notables », et me suis hypocritement lié d'amitié avec un officier des Renseignements généraux locaux et un officier de gendarmerie. Je parvins ainsi à retrouver les traces de cette affaire – une « mise en attention particulière » – dispersées dans les archives d'une demi-douzaine de ministères. Les dossiers confirmaient qu'une enquête approfondie et de nature politique me concernant avait été menée par la direction générale de la gendarmerie, ce qu'une indiscrétion locale m'avait déjà appris à l'époque. Il s'était donc bien passé quelque chose, mais cette impossibilité d'analyser vraiment les événements me minait peut-être autant que le choc de les avoir vécus.

Le hasard – enfin presque – me permit d'obtenir une invitation au luxueux banquet d'adieu donné par le préfet qui quittait ses fonctions. En me saluant après la cérémonie, il affirma me connaître : « Non monsieur, nous ne nous sommes jamais vus, lui ai-je répondu, mais vous connaissez le son de ma voix et mon nom. Vous ne saurez pas contenir votre surprise en apprenant qui je suis. » À l'énoncé de mon patronyme, il sursauta nettement, pour le plus grand plaisir de mes deux accompagnateurs et surtout pour le mien. Silence de sa part... puis, pour souligner son manque de sang-froid et le mettre face à ses contradictions, je lui ai renvoyé sa propre expression : « Mais monsieur, il ne s'est rien passé... » Grands sourires, poignées de main, demi-tour, deux pas, nouveau demi-tour pour me poser une dernière question : « Pourquoi avez-vous fait cela ? »... silence de ma part puis... « Mais monsieur, de quoi voulez-vous parler ? »... sourire amusé et départ dubitatif du préfet, beau joueur. L'essentiel est toujours dans le non-dit.

Première crise

En 1993, un séjour, avec ma fille cadette, dans un autre pays tropical très semblable au premier, associé à une consommation brève et légèrement excessive de rhum, mais aussi à la prise d'un médicament antipaludéen dont le Vidal m'informa par la suite qu'il pouvait provoquer des délires, déclencha un premier accès maniaque. Le décor réveilla probablement mes souvenirs, alcool et médicament tinrent lieu d'agents déclenchants, une faiblesse personnelle (génétique ou autre) restant toujours à mettre en évidence.

Face à l'intensité de cette crise, le psychiatre qui me prit en charge refusa longtemps de croire en l'absence d'antécédents pathologiques de ce type. Ce premier accès franc fut en réalité une sorte d'état mixte faisant alterner dans la même journée des séquences d'exaltation extatique (avec ce caractéristique sentiment d'invincibilité) et des moments dramatiques d'angoisse et de panique. Je vécus à nouveau avec précision les événements de 1989, dans un délire qui s'alimentait en projetant l'identité des acteurs de cette affaire vieille de quatre ans sur des personnes se trouvant là, dans cet autre pays.

Dès les premiers jours, tout à fait conscient que quelque chose d'anormal se mettait en place, j'avertis par téléphone mon épouse de mes inquiétudes. Mais, en dehors du mot « bizarre » et de la précocité anormale de mes réveils, j'étais incapable de décrire ce que je ressentais. Une à deux semaines plus tard, je me réfugiai, épuisé, au service des urgences de l'hôpital local, autant pour réclamer un examen que pour que l'on me fasse dormir. Là, on m'imposa d'abord de remplir des tonnes de papiers. À la limite de m'écrouler, désespéré devant une telle bêtise, je retrouvai un second souffle grâce à un mélange de panique et du retour brutal et contradictoire de mon fameux sentiment d'invincibilité. Je m'enfuis et courus vers ma voiture, avec l'intention de me réfugier au plus profond de la forêt amazonienne. C'est au bout d'une piste de soixante kilomètres, parcourue en pleine nuit, et menant à un ailleurs espéré, que je trouvai refuge. Je dormis là, enfin libéré de mes fantômes, me sentant en sécurité, très serein car aussi loin que possible de la civilisation.

Cette conscience en pointillé de la réalité pathologique de mon état m'a même poussé à tenter d'insistantes démarches pour écourter ce séjour, mais elles n'ont mené à rien. Après bien des péripéties rocambolesques, tragi-comiques, je me suis retrouvé hospitalisé de force par les gendarmes, à la suite d'une situation qui les avait beaucoup amusés… rien de bien grave dans l'absolu, rien d'illégal, ni même d'immoral, un innocent numéro de clown, pieds nus, sur une piste de l'aéroport… J'avais toutefois profondément déliré.

Je suis rentré en France après une évasion épique de ce lamentable hôpital psychiatrique. Sans argent, sans papiers, sans vêtements, sans chaussures, ce fut un exploit de parcourir cent kilomètres pour atteindre l'aéroport et obtenir un billet d'avion. Mon plus lourd handicap était cette impitoyable paralysie cérébrale et corporelle due aux fortes doses de neuroleptiques, qui m'obligeait à puiser au plus profond de mes réserves d'énergie.

Durant cinq à six mois, de janvier à juin, sans soins, sans suivi, j'ai oscillé de l'hypomanie à la « normalité » ; ce fut une période riche en péripéties.

Cette même année 1993, le suicide de mon frère, alors suivi médicalement, réveilla les plaies encore à vif de mon dernier épisode maniaque et précipita le drame : je plongeai dans une dépression qui nécessita plusieurs semaines d'hospitalisation et un lourd traitement aux antidépresseurs.

Rechutes

En octobre 1996, trois ans après, tout était oublié ; j'étais persuadé de ne plus jamais avoir à revivre les affres du passé. Mon existence avait repris son cours habituel, celui d'avant mon premier accès de 1993. J'étais à nouveau très optimiste, très actif, entreprenant, la tête pleine de projets, très productif. L'un de ces projets allait pourtant me rappeler combien les apparences peuvent être trompeuses.

Un simple échec, seulement vexant, sans vraies conséquences matérielles, dans une reconversion professionnelle (j'étais jusque-là enseignant dans un lycée professionnel), associé à une petite alcoolisation, déclencha un second accès maniaque de la même ampleur que le premier. Il s'agissait d'une action humanitaire qui se déroulait, par un réel hasard, dans le pays tropical qui avait servi de décor à mes vacances dramatiques de 1993. Ma fougue et mon entêtement me firent vivre ce projet jusqu'au surmenage. Je fus là encore hospitalisé sous contrainte dans l'établissement dont je m'étais échappé trois ans auparavant. Cette fois j'étais bien surveillé, l'évasion fut impossible. Ce séjour à l'hôpital se prolongea en métropole après un rapatriement sanitaire, et dura en tout presque deux mois. J'en sortis avec un traitement thymorégulateur et des neuroleptiques, prescrits sans aucune information.

En quittant l'hôpital, je me mis en quête d'un psychiatre, avec toujours en tête ce désir de mieux comprendre ce qui m'arrivait. J'ai opté pour le Dr S., celui que mon frère consultait, avec qui j'avais un peu collaboré à l'époque où l'on me pensait à l'abri de ce genre de défaillance. Je le consultai une à deux fois par mois, suivant l'intensité de cette dépression qui dura environ huit mois avant de me laisser un répit, le temps d'un été. Cet homme inspirait le respect par sa classe sans orgueil. Il parlait peu, toujours lentement, posément, en termes précis, sans pontifier ; son calme dégageait une sérénité rassurante et communicative, presque amicale. Dans sa salle d'attente embaumée de parfums agréables résonnait toujours une musique douce. Le décor était soigné : des oiseaux artificiels multicolores dans des cages inutiles, des gravures bucoliques, des paysages de déserts ; et puis il y avait ses trois ou quatre chats toujours prêts à ronronner... tout avait été choisi avec l'intention évidente d'installer une ambiance sereine et apaisante. Les jours qui encadraient les consultations, je dormais mieux et les anxiolytiques n'étaient plus indispensables. Mon matérialisme et ma nature rationaliste s'accommodaient fort bien de ce charme psychologiquement rassurant et de ses effets réels, mais éphémères. Son aide a été précieuse, son dévouement sans faille et efficace, lors des deux rechutes qui suivirent. Notre rapport de confiance nous a permis de rester en contact et d'éviter une fois l'hospitalisation. Le second accès qu'il dut prendre en charge s'acheva sur un long suspense, et nous avons presque réussi à éviter à nouveau l'hospitalisation.

En octobre 1997, un an plus tard, le même mois et presque la même semaine, à l'issue d'un autre surmenage professionnel lié en grande partie à ma nature, à cette approche passionnée et tenace de toute nouvelle entreprise, et à une alcoolisation ponctuelle, je décompensai à nouveau, avec une gravité comparable. La pression de mon entourage familial, ma culpabilité, le besoin de relever un défi, me firent passer outre les conseils de prudence du Dr S. sur l'opportunité de la reprise de mes activités professionnelles. Je fus encore une fois hospitalisé, cette fois « sur demande d'un tiers », en l'occurrence de ma famille, pour six à huit semaines. J'en sortis encore avec le même traitement, à ceci près que ma psychiatre de l'hôpital décida cette fois d'effectuer un suivi mensuel qui dura huit mois, durant lesquels elle me soumit à une pression inacceptable, exigeant que je ne consulte plus le Dr S. Je croyais voir une épouse en pleine crise de jalousie forçant son mari à choisir entre elle et sa maîtresse. Elle m'amusa beaucoup et s'en rendit compte, car je peinais parfois à contenir les piques et les sous-entendus.

Quand, en juin 1998, elle m'annonça sa mutation

pour un poste près de la capitale, je ne pus m'empêcher de lui faire remarquer que j'aurais pu garder mon ancien psychiatre qui, lui restait fidèle à son poste.

La vie de famille au rythme des crises

Deux années s'écoulèrent sans problème, mais, en juin 1999, m'estimant insuffisamment performant sur le plan intellectuel, je projetai de diminuer mes doses de thymorégulateur. Ma motivation puisait également sa source dans une perte de l'estime de soi, due à l'obligation de recourir définitivement aux psychotropes. Reconnaître que j'avais temporairement perdu le contrôle aussi gravement une première fois n'avait pas été facile, que cela se fût répété deux autres fois était encore plus dur, mais admettre le caractère irréversible de cette perte de contrôle m'était insoutenable. C'était accepter d'être un handicapé mental à vie. J'avais besoin de prouver, et surtout de me prouver, qu'un retour à la « normale » sans molécules était possible, que je n'étais pas « foutu ».

En septembre de la même année, je rencontrai par hasard un homme important et célèbre que j'estimais beaucoup ; une conversation à bâtons rompus le séduisit assez pour qu'il me propose de rejoindre son équipe pour participer à une mission passionnante et très ambitieuse. Mon narcissisme flatté par tant d'honneur, j'investis fortement dans cette nouvelle occasion de rompre avec l'Éducation nationale. Hélas je ne sus communiquer « comme il faut » ce projet à mon épouse sans provoquer une réaction très conflictuelle.

Lorsque l'on a été soigné en psychiatrie, il faut apprendre à composer avec l'incontrôlable et permanente suspicion de ceux qui sont dans le secret. Toute action un peu teintée de fantaisie est aussitôt perçue et analysée avec angoisse par les proches. Plus grave encore, beaucoup de psychiatres, pourtant plus aptes à relativiser, considèrent ces actions comme des signes de rechute. La censure est omniprésente. Nous sommes condamnés à nous comporter comme des ordinateurs sans âme, toujours sur le qui-vive, n'ayant plus droit aux fruits de la passion, aux conflits conjugaux et familiaux, et encore moins à la colère. L'expression d'idées originales ne donne plus lieu à la contradiction ou à des joutes rhétoriques, mais ne déclenche qu'un grand silence et des sourires de dédain maladroitement dissimulés. On épie sans cesse la prise de nos médicaments, la qualité de notre sommeil ; nous n'avons plus droit qu'aux seules entreprises fades et ordinaires. Le moindre comportement sortant de la routine doit être prudemment « auto-surveillé », il nous faut apprendre vite à répondre aux réactions de ceux qui n'ont pas le cerveau malade, mais qui sont devenus étrangement incapables de réagir sainement.

Devais-je parler tout de suite à ma femme de ce nouveau projet, ou temporiser un moment ? Ma fille aînée m'a conseillé d'attendre quelques jours, de ne rien dire, pour qu'elle en fasse elle-même l'annonce à sa maman. Ce fut un mauvais choix, d'autant que je n'ai jamais su dissimuler, mais une autre option n'aurait sûrement pas été meilleure. Il m'est impossible de déterminer la part de responsabilité de chacun de ces deux stress – l'émotion provoquée par cette rencontre inespérée ou la réaction violente de mon épouse. Sans doute la somme des deux a-t-elle outrepassé mon seuil de tolérance, déjà amoindri par la suppression du traitement et par l'évolution de la maladie.

Commençant à comprendre les relations complexes entre le sujet malade et ses proches, l'esprit stimulé par le début de crise, j'ai su jouer de complicité avec ma fille aînée et accepter sa « surveillance » en échange du droit d'essayer de vivre ce nouvel accès maniaque à l'abri des foudres conjugales, dans un hôtel modeste de Paris, près de chez elle. C'était une expérience acceptée par tous, à l'arraché, certes, mais payante, car pour la première fois (grâce aussi à l'aide téléphonique de mon psychiatre) la crise a été maîtrisée et stoppée sans hospitalisation. Les raisons de cette première grande victoire sont multiples : fin du déni, alliance thérapeutique, élimination du risque de conflit, meilleur efficacité de la fille que de la maman. Je pense que le conjoint souffre d'une proximité affective excessive, l'amenant à des réactions trop passionnelles pour que son aide soit efficace ; il n'est pas bon juge car trop partie prenante.

La crise passée, l'ambiance conflictuelle avec mon épouse rendait difficile et risqué le retour à la maison. Le médecin m'a conseillé de rester prudent et d'accepter un court séjour dans une maison de repos privée. Là-bas, mon thymorégulateur habituel fut remplacé par du lithium, mais l'on m'administra à mon insu un neuroleptique puissant, dilué dans l'eau des médicaments. Les raisons de ce « traitement » tenaient plus à la tranquillité du service et à l'image de cette maison très chère, réservée aux petits bourgeois fatigués, qu'à des impératifs thérapeutiques. J'étais arrivé « normal », en pleine forme, assez vivant, « avec beaucoup d'humour », sans plus, ce qui contrastait apparemment trop avec la torpeur des autres pensionnaires. Le neuroleptique en question est connu pour aggraver les dépressions récurrentes, qui surviennent deux à trois mois après sa prise, en creusant sérieusement le « cycle naturel ». Il ne doit être utilisé que pour calmer les délires et les agitations fortes, et le moins longtemps possible. Par ailleurs, la dissimulation volontaire de substances médicamenteuses est strictement interdite par la loi. Une subite sensation de ralentissement de vitalité, quelque chose comme une trop précoce dépression récurrente, a éveillé mon attention... L'embarras des infirmières devant mes questions, leurs dénégations vaseuses lorsque j'évoquai sans détour l'éventualité de la présence d'un neuroleptique dans le verre, me donnèrent l'idée d'un test. « Puisque ce verre ne contient que de l'eau, il ne coûte rien de la changer », dis-je à mon infirmière, avant de jeter l'eau dans l'évier et de la remplacer. Ce fut assez vite dit et vite fait pour qu'elle n'ait pas le temps de contrôler sa réponse réflexe : « Il faut prendre votre traitement, monsieur Génermont ». « Je ne vois pas le problème, ce n'est que de l'eau et je prends toujours mes cachets... » Interrogation de l'infirmière qui cherche de l'aide, puis se décide : « Sylvie, il faut appeler le docteur... »

J'ai pu prévenir mon médecin grâce au portable que j'avais gardé en cachette. Il me rappela une heure plus tard pour me conseiller de faire mes valises...

Ma belle forme fondit en un mois, passant – sans s'y arrêter – par l'état normal, pour se stabiliser dans une dépression légère qui dura huit mois. Je pris toutefois conscience d'une diminution de mes symptômes maniaques et dépressifs, et de l'allongement des intervalles libres, ce qui me redonna confiance et m'encouragea paradoxalement à mieux observer le traitement. Le Dr S. maîtrisa avec succès ce dernier accès, consolidant notre alliance thérapeutique et favorisant le respect de ses prescriptions. Il m'annonça malheureusement l'arrêt de ses activités en décembre 1999. Je suis alors resté sans psychiatre pendant un an, malgré ma recherche sérieuse d'un médecin qui n'aurait pas la main lourde. J'ai fait sans succès le tour des possibilités dans un rayon de cent kilomètres à la ronde, avant de m'orienter vers une nouvelle approche qui germait progressivement sur le terreau de mes échecs précédents : comprendre mieux.

Depuis deux ans déjà, je passais chaque jour de très longues heures à construire des hypothèses, à chercher les racines de ce mal mystérieux et anonyme, à échafauder des relations de cause à effet. Je commençais à avoir en tête quelques idées personnelles qui demandaient à être confirmées, mais je peinais encore à rassembler les pièces de ce puzzle, à simplement décrire la nature de ce trouble.

J'ai alors commencé à chercher des livres sur le sujet, participé aux activités d'une association parisienne, complété mes investigations en consultant des sites Internet ; ce fut vraiment le début d'une nouvelle approche de ma maladie, que je tentai à grand-peine de faire partager aux miens. Graduellement, de la brume initiale, émergèrent les contours d'un tableau plus précis ; les descriptions qui m'étaient données des symptômes de cette affection convergeaient toutes en un consensus bien net, ce qui en soi était rassurant : lorsque le risque est bien identifié, il est moins effrayant, on peut avoir prise sur lui.

Je parvenais maladroitement à identifier quelques points importants, à dégager une logique de mes réflexions. Premièrement, isoler le malade et se focaliser sur sa personne et sur ses troubles est réducteur.

Deuxièmement, ne faire reposer le traitement que sur des molécules procède de ce même regard par le petit bout de la lorgnette. Troisièmement, je ne pouvais pas m'en sortir seul, il me fallait de l'aide, d'abord celle de quelqu'un qui maîtrise le sujet, ensuite celle de ma famille. L'importance de la relation entre le malade et ses proches, et plus généralement l'impact des stress provenant de l'ensemble des événements de sa vie, est très délicate à appréhender. La réalité de ce phénomène est pourtant évidente. De plus, cette influence s'exerce dans les deux sens, avec la même acuité dans le contexte familial qu'en milieu professionnel, et plus largement dans toutes les relations humaines auxquelles nous sommes confrontés. Il est impératif de prendre cela en compte. Limiter le traitement à des molécules revient en quelque sorte à nier l'évidence, à avouer qu'on ne sait pas agir sur ces paramètres ou pire, qu'on n'est pas apte à les analyser. Il ne s'agit pas de culpabiliser les proches ou de chercher des boucs émissaires, mais de mieux poser les problèmes afin de mieux les résoudre. Dire que l'entourage a une influence sur le phénomène ne signifie pas qu'il en est la cause essentielle.

Il me fallut beaucoup de patience, de délicatesse, d'obstination pour avoir simplement le droit d'effleurer le sujet. Après huit mois d'efforts infructueux, je commençais à désespérer : je n'avais réussi qu'à dégrader encore la qualité des relations familiales. Mon entourage en restait à : « Prends tes médicaments et ne dis plus un mot sur cette maladie, et encore moins sur les événements qu'elle nous a fait vivre. »

En mai 2000, une crise de couple consolida la coalition contre papa. Maman, épuisée par les conséquences de la maladie était devenue de plus en plus fragile et fébrile ; aborder le sujet prenait la dimension d'un véritable tabou. Personne n'a accepté de se donner la peine de parcourir l'un des ouvrages que je proposais, refusant catégoriquement et avec une agressivité croissante. Ce profond différend fut d'ailleurs à l'origine d'un début d'exaltation sans conséquences. Le climat familial était devenu intenable, il fallait changer de méthode. C'est là que je décidai de prendre contact avec le psychiatre auteur du livre qui confirmait le mieux mes déductions personnelles quant à l'information du malade et l'implication de ses proches. Il me fallait d'abord convaincre mon épouse, bien résolue à ne pas m'accompagner à cette future première visite.

De juin à juillet je mis en place une baisse progressive du lithium, étalée sur six semaines, jusqu'à un arrêt total. Cette décision a été une sorte de moyen de pression sur ma famille : « Vous ne faites pas d'effort pour m'aider, alors je n'en fais plus pour vous garantir le confort d'une vie sans risque de rechute, je refuse de continuer à peut-être m'empoisonner pour assurer votre tranquillité. »

Fin août, le retour d'une trop belle forme aboutit un mois plus tard à une rechute légère à moyenne. Ma fille tenta de me faire hospitaliser, mais sa demande fut rejetée par notre hôpital de secteur qui jugeait mon cas insuffisamment sérieux. Le corps médical s'était toutefois engagé à me « garder » jusqu'au retour de ma femme, alors en voyage à Paris, puis m'a envoyé dans la clinique privée où j'avais déjà séjourné. Incohérence et contradiction incroyables, malgré mon très grand calme, il me fut administré une si forte dose de « calmant » que trois infirmiers furent nécessaires pour me porter dans l'ambulance qui m'emmena enfin dans l'établissement en question… seulement dix minutes avant l'arrivée de ma femme ! Dans un quasi-coma, j'y fus inutilement et illégalement enfermé.

Mon épouse a fini par me retrouver après bien des péripéties, mais s'est vu refuser l'entrée de ma chambre : « Il dort, il ne faut pas le déranger. » À mon réveil, j'ai supplié pendant une demi-heure que l'on ouvre la porte, mais les infirmières que j'entendais pourtant murmurer dans le couloir n'ont pas daigné me répondre ; j'ai donc brisé le carreau avec un tabouret, ce qui eut pour conséquence de transformer l'hospitalisation sur demande d'un tiers en hospitalisation d'office. À nouveau fortement drogué, j'ai été transporté dans un autre établissement, un hôpital public cette fois, et placé là à la demande du psychiatre de la clinique privée. Une tentative de recours auprès du Conseil de l'ordre des médecins et des services de la DASS eut l'effet inverse à celui que j'escomptais, et l'on fut obligé de me transférer dans un autre département pour enfin pouvoir faire lever la demande d'« hospitalisation d'office ». Au final, deux mois de privation administrative de liberté, inutile médicalement, sans motif sérieux et sans recours.

Cependant c'est dans cet hôpital public que je rencontrai le premier psychiatre qui chercha à nous informer. Le Dr P. nous reçut deux fois plus d'une heure dans son bureau, et s'efforça, par des images, de nous décrire les caractéristiques de la maladie. Cet hôpital était d'un genre nouveau pour moi, les conditions de vie y étaient bonnes, les rapports avec le personnel soignant excellents, et les médecins compétents. Le Dr P. m'expliqua les raisons de sa méfiance à l'égard des neuroleptiques, qui tenaient entre autres au risque de rechute dépressive associée à l'usage de la majeure partie d'entre eux. Il n'en avait utilisé aucun : « J'ai préféré laisser fuser la crise », me dit-il. Il ajouta que mon séjour se prolongeait pour des raisons non médicales, et qu'il me fallait cesser d'utiliser mon portable pour régler cette injustice : il allait mettre en place une procédure de transfert vers mon hôpital de secteur ; ce changement de département était la seule solution pour m'éviter un séjour inutile de six mois décidé par des autorités locales irritées par ma contestation. Il m'a conseillé de me protéger des stress et de la fatigue nerveuse et physique au moins pendant quelques mois, pour récupérer de cet épuisement cérébral.

Durant mon séjour, le conflit conjugal a atteint une intensité critique. Une tentative de suicide de mon épouse fut arrêtée de justesse, et elle attendit patiemment mon rétablissement pour me faire part de sa décision de demander le divorce. Au rythme de mes rechutes, elle entrait progressivement dans une pathologie réactionnelle très dangereuse, nos deux affections se faisant redoutablement écho. Mes filles ne m'ont rendu aucune visite durant ces deux mois d'hospitalisation. Sur la durée totale cumulée des différents séjours, soit huit mois environ, elles n'ont fait qu'une fois ou deux cette démarche ; notre famille était pourtant un modèle de solidité, d'harmonie et de solidarité avant cette maladie qui a tout ravagé. Le transfert eut lieu après sept semaines d'une trop longue attente, et la psychiatre de secteur qui m'accueillit m'imposa encore dix jours de « prison » supplémentaires, pour voir !

Pour la première fois, je sortis de l'hôpital avec une forme superbe qui dura deux mois. Je pus enfin profiter d'un dynamisme prudemment maîtrisé, doublé de performances cognitives et d'une mémoire immédiate remarquables ; j'étais profondément serein, sans problèmes affectifs, plein de désirs. J'ai écouté les recommandations du Dr P. et su résister à la tentation de reprendre trop rapidement des activités intensives. Pour la première fois il n'y eut pas de dépression récurrente après ces deux mois où « la crise a fusé ». Mon humeur s'était stabilisée à son niveau habituel, qui est peut-être un peu au-dessus de la moyenne, mais c'est ma personnalité depuis cinquante-quatre ans. Il restait une seule séquelle : cette trop forte émotivité, qui fragilisait ma prise en compte des inévitables stress de la vie. Bravo, Dr P., il faudra qu'un jour je vous remercie.

Il fallut plus de deux mois à notre couple pour mener à bien une fragile et difficile reconstruction. Celle de l'unité familiale fut encore plus délicate. Il était tout à fait légitime de se demander qui, dans notre couple, était le plus malade des deux... Le bilan pour mon épouse était lourd : une tentative de suicide, une autre évitée in extremis, deux séjours de six semaines en maison « de repos », c'est-à-dire en clinique psychiatrique. J'ai redoublé de tact et de patience pour la pousser à s'informer, et surtout l'amener à accepter de m'accompagner chez ce psychiatre parisien, auteur du livre qu'elle haïssait tant.

Elle avait à peine prononcé le « oui » tant désiré que j'avais déjà décroché mon téléphone. J'ai par la suite assisté avec elle, parfois même accompagné de mes filles, aux conférences qu'il donnait sur le sujet, à l'hôpital Sainte-Anne. Il me fut enfin possible de parler de la maladie sans déclencher des réactions de rejet et de violence verbale. Autour de ces « petits lundis matin », nous nous sommes retrouvés un petit groupe partageant à peu près les mêmes points de vue, et c'est ainsi que nous avons créé une association de maniaco-dépressifs.

En janvier 2001, je me lançai dans ce nouveau projet professionnel auprès de la personne célèbre que j'avais rencontrée un an auparavant, deux crises plus tôt. Des difficultés avec la mémoire immédiate, une insatisfaction sur mes performances cognitives, une résistance insuffisante au stress, n'aidèrent pas à m'immerger dans ce milieu brillant. Il n'était de plus pas évident de s'adapter à l'outil informatique à mon âge. Ce n'était pas un retour de la dépression car j'étais dynamique, mais probablement des séquelles du dernier accès encore trop récent. J'ai décidé de « marcher au bord de la falaise », de diminuer très lentement les doses de lithium, d'un demi-cachet toutes les six semaines. La première conséquence indiscutable a été un violent retour de l'hostilité des miens, une grave crise de couple, des tensions psychologiques énormes et ingérables, une profonde dégradation de l'état de santé de mon épouse ; la seule issue « intelligente », trouvée d'un commun accord, fut une séparation partielle et provisoire.

En mai 2001, le traitement était réduit à un cachet par jour, soit la moitié de la dose minimum efficace ; ce fut la rechute. Convaincu du succès de cet équilibre retrouvé sous si peu d'assistance médicamenteuse, j'avais tenté un défi stupide, un test de résistance de cette stabilité apparente à l'alcool, et repris une consommation que je pensais modeste – un whisky par jour. Cela ne fit qu'entraîner une nouvelle hospitalisation, à nouveau sur la demande de ma fille aînée. Un parcours du combattant me promena d'un établissement parisien d'excellente qualité à un autre de mon chef-lieu de canton aux moyens pitoyables, puis enfin à un troisième, de notre capitale régionale, tout aussi médiocre. J'y retrouvai ma fameuse « psychiatre geôlière », qui révéla une nouvelle fois ses qualités humaines douteuses. Cette chef de clinique me refusa le droit de choisir un médecin parisien et me fit un chantage à la sortie, m'imposant un rendez-vous chez un collègue local de notre secteur, qu'elle appela elle-même d'autorité au téléphone. Il fallut l'opportun coup de pied sous la table de ma femme pour que je me taise et qu'ainsi j'évite de prolonger ce séjour ; j'ai même dû mimer une ridicule approbation pour qu'elle daigne signer la demande de levée d'hospitalisation.

La reconstruction de notre couple a semblé quasi impossible durant trois mois, la famille déchirée n'a été capable de se retrouver réunie une première fois que cinq mois plus tard. La dépression récurrente traditionnelle a été de courte durée, deux mois seulement, en septembre et octobre, et de très faible intensité.

Mon nouveau psychiatre, imposé par la pression de l'autorité médicale, est sympathique, nous tentons de nous apprivoiser l'un, l'autre. Il faut bien parvenir à s'entendre car le système de « sectorisation », qui n'est prétendument pas en contradiction avec le droit légitime de tout patient au libre choix de son praticien, ne me propose en cas d'urgence que l'alternative entre lui et lui, ou à la rigueur sa très dominatrice collègue.

Nous sommes tous des maniaco-dépressifs

Cette phrase, empruntée au titre de l'ouvrage de Ronald Fieve, illustre la réalité du phénomène. Nous vivons tous avec des hauts et des bas. Notre humeur subit des fluctuations normales ou pathologiques. Il en est de même de notre fonctionnement intellectuel, de notre vivacité d'esprit, de notre forme physique, de notre pouvoir de créativité.

Ces hauts et ces bas peuvent devenir plus ou moins intenses, plus ou moins prolongés et invalidants. Ils peuvent générer une souffrance pour soi et les autres, provoquer des changements des rythmes de vie : « Il (ou elle) est impossible à suivre, il (ou elle) est soupe au lait, il (ou elle) est insupportable... »

Sommes-nous tous égaux devant de telles fluctuations ? Quelles sont les causes de ces changements d'humeur ? Quelle est la frontière entre le normal et le pathologique ? À partir de quand sommes-nous catalogués maniaco-dépressifs ou bipolaires ?

D'une manière simpliste, on pourrait se référer aux conceptions des années cinquante et évoquer la dimension strictement héréditaire privilégiant la théorie de l'endogénéité et du biologique. Cette approche de la maladie est aujourd'hui obsolète. De nombreuses données scientifiques mettent désormais en avant l'aspect pluridéterminé du trouble maniaco-dépressif : plusieurs éléments doivent intervenir pour que la maladie soit déclenchée. Autrement dit, la maladie bipolaire a plusieurs causes.

Il y a encore vingt ou trente ans, on parlait d'une transmission génétique. De nos jours, sans rejeter cette hypothèse, on utilise les termes plus nuancés de « susceptibilité » ou de « vulnérabilité génétique » pour désigner le facteur héréditaire, en prenant simultanément en compte les autres critères de fragilisation (personnalité, situation socio-économique, niveau de stress, hygiène de vie...). Il est admis que plusieurs gènes de vulnérabilité interviennent dans la survenue des troubles bipolaires, comme c'est le cas de nombreuses autres maladies. Certains cancers, par exemple, apparaissent sur des terrains ainsi prédisposés : ils ne sont pas liés à un seul, mais à plusieurs gènes de vulnérabilité, à une exposition à des agents physiques toxiques, et éventuellement à un état de fragilisation psychique. La terminologie scientifique se réfère à la notion de « maladie à hérédité complexe », en opposition à celle de « maladie monogénique », où la maladie est liée à un seul gène (c'est le cas par exemple de la mucoviscidose ou de la chorée de Huntington). De la même façon, l'impact de situations stressantes, et plus particulièrement du surmenage, d'événements pénibles à répétition, de cassures des rythmes quotidiens ou d'une carence de sommeil (les « agents toxiques » reconnus du trouble bipolaire), sera bien plus fort sur une personne qui présente ces gènes de vulnérabilité. Des antécédents familiaux de ces troubles multiplient par huit ou dix le risque de déclencher une maladie maniaco-dépressive ; le risque se situe entre 1 et 2 % pour l'ensemble de la population et passe à près de 10 % chez les personnes prédisposées... Restent les 90 % de chances de ne pas présenter la maladie qui permettent à la fois de relativiser le danger et de souligner l'influence des facteurs exogènes maîtrisables : on peut limiter le risque en adoptant des mesures préventives.

De nombreux travaux scientifiques attestent que l'épisode maniaque survient fréquemment après un événement déclenchant identifiable (problème professionnel, financier, juridique, difficultés conjugales, relationnelles, situation de harcèlement, surmenage, affection médicale d'un proche, agression, avortement, deuil, guerre, déménagement, date anniversaire, isolement, arrêt ou début d'une activité, etc.), dans 30 % des cas au cours du mois suivant. Les hommes rapportent plus fréquemment des difficultés professionnelles (liées aux performances et aux responsabilités) et les femmes des problèmes liés au domaine affectif et à la fonction reproductrice. L'événement pénible provoquerait plus souvent un état maniaque chez l'homme et une dépression chez la femme.

Ces situations de stress intense peuvent être à l'origine de la maladie comme, par la suite, des rechutes. Elles sont aussi génératrices d'insomnies, de perturbations du sommeil, dont on sait qu'elles alimentent ou déclenchent le trouble bipolaire et en constituent les premiers signes. Les causes extérieures, non héréditaires, se manifestent ainsi souvent « en cascade », les unes entretenant les autres, s'accumulant et se conjuguant pour entraîner la maladie. La personne qui en est victime se sent minée, maudite, croit voir sa vie s'effondrer inexorablement comme un château de cartes. Il est très difficile de quantifier l'influence de ces événements qui sont de l'ordre de la subjectivité et n'auront pas les mêmes répercussions d'un individu à l'autre.

L'alcool et les drogues sont en revanche des facteurs déclenchant plus « objectifs », de même que certains médicaments. Le cannabis peut faciliter chez le jeune l'apparition d'un épisode d'excitation ou de dépression. Il en est de même de la cocaïne et des différentes catégories d'amphétamines, dont l'ecstasy, surreprésentée. Les médicaments le plus souvent incriminés sont naturellement les antidépresseurs, qui peuvent faire virer l'humeur et provoquer un état d'excitation, accélérer la fréquence des cycles ou favoriser les états « mixtes » (à la fois maniaques et dépressifs). Même si notre propos n'est pas de répertorier tous les médicaments susceptibles de perturber l'humeur (corticoïdes, antipaludéens...), signalons qu'il n'est pas inutile de faire part à son médecin de ses antécédents et de ses traitements. L'exemple de l'antipaludéen cité par Jean-Alain illustre le rôle pathogène de médicaments en apparence anodins. Quel médecin songera à prévenir de ce possible effet ou s'inquiétera de l'existence d'antécédents de troubles de l'humeur avant de le prescrire ?

Il arrive que d'autres affections soient mises en cause dans le déclenchement du trouble maniaco-dépressif, notamment des maladies d'origine neurologique (sclérose en plaques, épilepsie, tumeur cérébrale, accident vasculaire, traumatisme crânien) ou glandulaire (hyperthyroïdie, syndrome de Cushing), parfois même infectieuse ou métabolique.

L'accouchement, de par ses répercussions psychologiques et hormonales, est susceptible de provoquer des états maniaques ou dépressifs avec parfois une tonalité délirante ou confuse. Ils constituent une urgence psychiatrique et peuvent mettre en péril la vie du nouveau-né.

Ces événements précipitants qualifiés de « récents » par rapport au moment de l'épisode (il existe un lien bien visible, chronologique, entre le traumatisme déclenchant et l'accès dépressif ou maniaque) doivent être distingués des événements « précoces », survenus pendant l'enfance et l'adolescence, qui ont favorisé une prédisposition. De récentes études soulignent le poids des antécédents d'agressions sexuelles et le rôle dépressogène, à long terme, d'une perte parentale : on retrouve fréquemment une séparation ou un deuil avant l'âge de dix-sept ans dans l'histoire des victimes d'épisodes dépressifs sévères.

C'est donc l'association de plusieurs facteurs qui va provoquer l'apparition du trouble maniaco-dépressif, chaque cause isolée ne pouvant qu'exceptionnellement déterminer la maladie. Les hauts et bas qui faisaient partie du quotidien « normal » vont devenir plus aigus, plus dévastateurs et provoquer des répercussions sociales, professionnelles, familiales. On franchit ainsi un point de non-retour et on se retrouve « malade », faisant partie des 1 à 2 % de bipolaires ou encore des 6 % de troubles avoisinants (dysthymiques, cyclothymiques, dépressions unipolaires, etc.). Le cas de Jean-Alain reflète bien le pluridéterminisme de la maladie : probable prédisposition, consommation d'alcool, prise d'un antipaludéen et situation de stress intense.

L'élément qui apparaît le plus parlant et significatif de ce trouble est la notion de « cassure ». Il y a une cassure dans la biographie de la personne. Elle menait jusque-là une vie linéaire, avec certes des hauts et des bas, mais elle demeurait capable de maintenir une position stable. Les hauts et bas n'avaient pas de conséquences, de répercussions significatives sur ses activités quotidiennes. Or, cette cassure va soudain se manifester dans les différents champs de son existence : affectif, professionnel, social, familial, sentimental, sportif,... Très souvent, les patients utilisent l'image de « Mr Hyde » (la face sombre du bon Dr Jeckyll, dont le créateur, l'écrivain R.L. Stevenson, souffrait apparemment lui aussi de cette maladie) : ils ont le sentiment d'avoir perdu leur identité, d'être devenu un autre, que ce soit dans la phase haute, c'est-à-dire la phase d'excitation, ou dans la phase basse, celle de la dépression. Plus encore, l'entourage s'étonne de ces changements de caractère, sans pouvoir donner une explication.

Ce basculement brutal de la personnalité, des activités, des sentiments va provoquer chez le malade toutes sortes d'incidents : comportements suicidaires, conduites à risques, changement radical de son mode de vie, de son emploi, remise en cause de sa vie personnelle, familiale, conjugale, dépenses, recherche de sensations fortes, alcoolisation excessive... Le diagnostic n'a encore pas été fait. L'entourage ne comprend pas : « Que s'est-il passé ? » Il faudra souvent attendre des années avant qu'un diagnostic soit posé et un traitement adapté prescrit. Des années pendant lesquelles souffrances, inquiétudes, peurs, désorganisations, séparations, licenciements, violences, suicides seront vécus périodiquement. Lors du retour à la normale, un « ouf » se fait entendre de toutes parts, mais l'angoisse de la possibilité d'un nouvel épisode demeure ; la récidive. Et c'est malheureusement ce qui se produit. Après un épisode d'excitation, le risque de replonger dépasse 80 % et les suicides ne sont pas rares en fin d'exaltation. L'intervention d'un proche, la lecture d'un article, une hospitalisation ou la reconnaissance du trouble par le médecin généraliste seront nécessaires pour que le diagnostic de cette maladie soit enfin évoqué.

Comment expliquer un diagnostic aussi tardif ? Sans doute par la peur de la psychiatrie, le défaut d'accès aux soins, d'éducation sanitaire, les formes larvées de la maladie... Ainsi, par exemple, quel enseignant est formé à identifier, chez un jeune adolescent, les symptômes annonciateurs de cette maladie qui commence pourtant précocement ? Aucune mesure n'a encore été mise en place par l'Éducation nationale pour la faire connaître. Des associations de malades tentent, avec leurs moyens limités, de diffuser l'information, mais quelle dépense d'énergie !

Une maladie aux multiples formes

À partir de certains symptômes « discriminants », on peut dresser un tableau sommaire des différentes déclinaisons de la maladie bipolaire. Une description rapide des manifestations qui se succèdent, évoluent, s'atténuent ou bien croissent, permet d'identifier les grandes catégories de ces troubles et de rappeler que les maladies maniaco-dépressives sont multiformes autant que multidéterminées. Chaque patient présente ses propres symptômes qui, dans la majorité des cas, se répéteront à l'identique au fil du temps.

Les troubles dits *bipolaires de type I* correspondent à la forme la plus typique, la plus pure, la plus explosive de la maladie maniaco-dépressive. Les accès d'excitation atteignent des sommets très élevés et s'accompagnent de pensées délirantes, souvent même de préoccupations mystiques : on verra que Jean-Alain, au cœur de la crise, communique avec les arbres, les oiseaux et les feux rouges, quand il n'exauce pas les volontés de Dieu... L'apparition d'idées de persécution peut faire porter à tort un diagnostic de délire paranoïaque.

La dépression qui succède à la phase d'exaltation sera, en revanche, moins significative, puisque d'intensité variable selon les individus. Les *états mixtes,* où se mêlent éléments dépressifs et maniaques, appartiennent à cette famille de troubles. Leur apparente croissance numérique s'explique par l'amélioration du diagnostic les concernant, mais aussi par l'utilisation de médicaments antidépresseurs et neuroleptiques qui modifient la symptomatologie d'origine. L'identification des troubles bipolaires I repose donc essentiellement sur la gravité de la crise maniaque ou la détection d'un état mixte.

C'est le cas de Jean-Alain, dont l'un des accès maniaques est survenu en janvier 2002, c'est-à-dire en pleine rédaction de ce livre, et a justifié une nouvelle hospitalisation sur demande d'un tiers (HDT).

Les troubles *bipolaires II*, injustement qualifiés d'« atténués », se caractérisent par des états d'excitation modérée, le plus souvent compatibles avec une vie normale, suivis de moments dépressifs récurrents plus intenses et invalidants. Le taux de mortalité de ces malades est tout aussi, voire plus important, que celui des bipolaires I ; le risque suicidaire est majeur.

De nombreux créateurs connaissent des variations de l'humeur de cette sorte : Robert Schumann, Hector Berlioz, Hugo Wolf, Anton Bruckner, Giocchino Rossini, pour ne nommer que des musiciens.

Citons aussi les troubles *bipolaires III*, qui représentent une classe moins bien déterminée, regroupant deux sous-catégories de désordres. Ils se distinguent soit par la présence de dépressions récurrentes et d'antécédents familiaux maniaco-dépressifs, soit par un virage de l'humeur provoqué par une substance psychopharmacologique active, un antidépresseur par exemple.

La maladie bipolaire est bordée d'états frontières, de troubles plus légers qui n'en demeurent pas moins des sources de souffrance profonde et souvent de véritables handicaps pour ceux qui en sont atteints, mais aussi pour leur entourage qui subit, sans les comprendre, les fluctuations thymiques.

Ainsi, les *cyclothymies* sont des formes atténuées des troubles bipolaires, que leur chronicité rend souvent tout aussi invalidantes. Les dépressions sont mineures, les phases d'excitation euphorique également. La personne se trouve à la limite de la normalité et ni elle ni ses proches ne reconnaissent le caractère pathologique de son affection. On lui attribuera toutes sortes de qualificatifs : « Il est imprévisible... instable... il a l'humeur changeante... il est soupe au lait. » Cependant, à un degré aigu, la limite entre cyclothymie et maladie maniaco-dépressive est pour le moins difficile à préciser.

Les désordres *dysthymiques* se manifestent par des états subdépressifs – des dépressions légères – d'évolution chronique. Malgré une intensité mineure, leurs répercussions socioprofessionnelles et familiales peuvent se révéler aussi graves que celles des dépressions plus prononcées ; le taux de suicides, de divorces, de licenciements est très élevé. Comme dans le cas des cyclothymies, le caractère prolongé de ce trouble et le fait qu'il ne soit pas reconnu comme un dysfonctionnement psychique (ce qui limite bien entendu l'accès aux soins) expliquent partiellement ses conséquences dramatiques.

Ce que l'on appelle désormais *dépressions récurrentes* était naguère connu sous le nom de « psychoses maniaco-dépressives unipolaires ». Les symptômes de ces dépressions diffèrent de ceux que l'on observe généralement au cours des dépressions bipolaires. L'insomnie, qui a lieu le plus souvent la seconde partie de la nuit, est suivie d'un réveil précoce, moment de recrudescence de l'anxiété et de la dépression. Le dépressif perd l'appétit et maigrit rapidement ; il se désintéresse de toute activité. On constate souvent dans les formes « pures » une amélioration en fin de journée. Des dépressions brèves (quelques jours) survenant avant les règles se révèlent parfois invalidantes en raison de l'intensité de la symptomatologie. Elles peuvent relever de mesures thérapeutiques spécifiques (changement de pilule, prescription d'un antidépresseur).

Les *troubles schizo-affectifs*, anciennement dénommés schizophrénies dysthymiques sont moins bien délimités, d'autant qu'il existe fréquemment une activité délirante au cours de la phase maniaque. Comme dans les troubles bipolaires, l'humeur fluctue avec des périodes de hauts et de bas et des éléments délirants. Cette forme peut relever de mesures thérapeutiques similaires, mais à la condition d'associer des antipsychotiques de nouvelle génération (olanzapine, rispéridone, clozapine...).

L'évolution maniaco-dépressive de type *MDI (manie — dépression — intervalle libre)* reste la plus « authentique ». On l'observe principalement chez les bipolaires I : l'épisode qui inaugure un cycle est maniaque ou hypomaniaque, il est suivi d'une phase dépressive, puis d'un intervalle libre, c'est-à-dire d'une période sans troubles de l'humeur. Dans la réalité, on retrouve rarement un retour rapide et complet à la normale, car des séquelles même légères persistent.

La séquence *DMI (dépression — manie — intervalle libre)* peut être favorisée par l'emploi d'antidépresseurs. Une personne prédisposée et dépressive risque de basculer dans un accès d'exaltation provoqué par le traitement (surtout s'il s'agit de médicaments appartenant à la classe des IMAO et des tricycliques). Ces médicaments sont aussi souvent désignés comme responsables de l'apparition des cycles rapides (plusieurs épisodes au cours d'une même année), qui représentent 20 % des troubles bipolaires.

L'intervalle libre, le moment de « répit » accordé au malade et à son entourage, disparaît dans la forme qualifiée de *circulaire* : le patient se trouve soit en phase dépressive, soit en phase maniaque ou hypomaniaque. Avec le temps, à l'occasion de la prescription d'un antidépresseur ou lors d'un ralentissement du fonctionnement de la thyroïde, les cycles peuvent devenir de plus en plus rapides.

Parfois, les troubles présentent une évolution *indéterminée*, c'est-à-dire une périodicité indéfinie : deux épisodes d'exaltation peuvent se succéder, entrecoupés d'un intervalle libre et suivis d'un état dépressif.

Les *troubles de l'humeur saisonniers* ont été décrits depuis la nuit des temps. Il existe en fait plusieurs sortes de périodicité. La plus classique se caractérise par une dépression à l'automne et une montée d'excitation au printemps, mais tous les cas de figure sont possibles... Même si la frontière avec les dépressions saisonnières – qui surviennent à la fin de l'automne et au début de l'hiver et restent d'intensité modérée – est souvent floue, il convient de les en distinguer.

On appelle *troubles bipolaires secondaires* ceux qui surviennent le plus souvent dans la seconde partie de la vie, et sont imputables à une maladie neurologique endocrinienne ou à un traitement médicamenteux. Des variations de l'humeur peuvent accompagner, par exemple, une sclérose en plaques, d'autant que les traitements à base de corticoïdes prescrits dans cette pathologie sont à eux seuls susceptibles de provoquer des fluctuations thymiques.

D'autres pathologies accompagnent fréquemment les troubles bipolaires ; on parle alors de *comorbidité*. On a déjà évoqué l'alcoolisation, même modérée, comme dans le cas de Jean-Alain. L'état de désinhibition ou la recherche de stimulation pousse à l'abus d'alcool. La fréquence de cette désastreuse association est diversement évaluée, de 20 à 50 %. Le problème que pose la toxicomanie est majeur, notamment aux États-Unis, et concerne surtout la consommation de cocaïne.

Des troubles de la personnalité peuvent venir colorer l'évolution de la maladie et de ses symptômes, l'anxiété généralisée et la panique interfèrent parfois avec les tentatives thérapeutiques. Il arrive aussi que le trouble obsessionnel compulsif (TOC), ou névrose obsessionnelle, subisse des aggravations au cours des phases dépressives. Cela peut poser des problèmes thérapeutiques, car leur traitement repose partiellement sur l'utilisation au long cours d'antidépresseurs, dont on a vu qu'ils pouvaient provoquer des états d'excitation.

Des études concernant les tempéraments sont en cours actuellement. La question est de savoir si certains types de tempérament prédisposent au trouble bipolaire ou si les épisodes maniaques et dépressifs modifient les caractéristiques de la personnalité, donnant naissance à des personnalités hyperthymiques, dépressives ou cyclothymiques.

Les chercheurs Diane Purper-Ouakil et Roland Jouvent fondent leurs analyses sur des traits stables, constitutifs, transmissibles et indépendants. Certains traits innés, déterminés génétiquement, constituent le *tempérament*. Le *caractère* se distingue du tempérament par sa dimension acquise ; il se forme à partir d'éléments de la vie affective, émotionnelle, intellectuelle et pulsionnelle d'un individu. La *personnalité* est la combinaison du tempérament et du caractère.

Pour prendre un exemple simple, les individus qui ont un tempérament *agressif* ou irritable présentent une humeur coléreuse. Ils sont excessivement impulsifs, critiques, ont tendance à se plaindre de tout, à importuner les autres, et font preuve d'un humour grinçant et piquant.

Les tempéraments *cyclothymiques* se rapprochent des troubles du même nom. On y retrouve une alternance similaire de léthargie et d'excitation, de ralentissement ou de confusion intellectuelle et de forte créativité, d'autodépreciation et de surestimation de soi...

Fréquemment observés chez les leaders d'opinion, les hommes politiques, les chefs d'entreprises, les tempéraments dits *hyperthymiques* concerneraient 1 % de la population. Selon le Pr Hagop Akiskal, ils se caractérisent par une humeur joyeuse, optimiste, dynamique, exubérante, entreprenante. Les personnes hyperthymiques sont loquaces, infatigables, extraverties, hyperactives ; elles ont le contact facile, une multitude de projets en tête et recherchent toutes sortes de stimulations.

Dernière catégorie présentée ici – et reflet inversé de la précédente –, les tempéraments *dysthymiques*, qui se situent au carrefour des troubles dysthymiques et des personnalités dépressives. Ils se définissent par une humeur sombre, pessimiste, dénuée d'humour et faite de ruminations tristes ; le scepticisme, la passivité, les doutes constants et une tendance à l'insatisfaction, à l'autoreproche empêchent la prise de décision. Un changement de l'humeur est cependant possible sous antidépresseurs.

Quelques chiffres

Calculé sur un an, le taux de troubles bipolaires varie de 0,2 % (au Canada) à 1,7 % (à Florence, Italie). Calculée sur la vie entière, la prévalence se situe dans une fourchette comprise entre 0,4 %(Corée) et 1,6 % (USA). Le chiffre moyen que l'on retient habituellement est de 1 %. Celui des bipolaires I est de 0,8 % et celui des bipolaires II de 0,5 %. De récentes études menées en Suisse font toutefois apparaître des pourcentages beaucoup plus élevés : entre 3 et 6,5 % de troubles bipolaires et assimilés. L'élargissement du spectre, incluant les cylothymies et les formes atypiques, permet d'expliquer partiellement ce résultat.

Le « sexe ratio » est de 1, aussi bien pour le type I que le type II, ce qui signifie qu'il y a autant d'hommes que de femmes bipolaires. En revanche, les cycles rapides seraient plus fréquents chez la femme.

On considérait traditionnellement que la maladie se déclenchait vers l'âge de trente ans. En fait, les données épidémiologiques actuelles révèle une apparition beaucoup plus précoce, à la fin de l'adolescence et au début de l'âge adulte, autour de vingt et un ans.

Les troubles bipolaires frapperaient plus souvent les célibataires que les personnes mariées. Le taux serait très élevé chez les divorcés et plus encore chez les « multidivorcés ». N'oublions pas que la séparation est une conséquence habituelle de la maladie.

Le trouble serait trois fois plus fréquent en zone urbaine qu'en zone rurale, mais les données concernant le statut socio-économique ne permettent pas de relever de différences significatives.

Il n'existerait pas de différences ethniques, si l'on se réfère aux dernières études publiées. Néanmoins, des travaux menés en Asie font apparaître des taux de prévalence bien plus faibles, mais l'expression clinique est-elle la même ?

Concernant la comorbidité, 60 % des bipolaires sont concernés par un abus de substances, principalement représentées par l'alcool. Il existe un risque six fois et demi supérieur à celui de la population générale lorsque l'on est bipolaire. Les troubles paniques et les troubles obsessionnels compulsifs se retrouvent dans 20 % des cas[1].

Les recherches sur le sujet ont permis d'élargir considérablement l'éventail des causes et des formes de la maladie maniaco-dépressive, de nuancer et d'affiner notre jugement. Le diagnostic est aujourd'hui à la fois moins restreint et plus subtile. On sait maintenant que le Dr Jeckyll emprunte parfois à Mr Hyde.

1. Ces chiffres sont empruntés à un article de V. Niro et F. Rouillon parus dans *L'Encéphale* en novembre 2001.

Chapitre 2

Dr Jekyll et Mr Hyde, les deux phases de la maladie

« La psychose maniaco-dépressive est un mal qui tue aussi bien qu'il donne la vie. Par essence, le feu crée et dévore » comme l'écrit Kay Redfeild Jamison[1], psychologue et professeur de psychiatrie, elle-même atteinte de cette maladie. Le patient subit alternativement des phases d'excitation maniaque et des phases dépressives entrecoupées ou non de périodes de répit.

L'ACCÈS MANIAQUE

Le récit de cette exaltation a été réalisé avec un souci de fidélité extrême, tant sur la forme que sur le fond, aux événements que j'ai réellement vécus. Toutefois, tout témoignage sorti de son contexte, de sa stricte chronologie, omettant des détails secondaires ou

1. Kay Redfield Jamison, *De la dépression à l'exaltation*, Laffont, 1997.

oubliés, risque de devenir imparfait ou subjectif, même et surtout dans le cas où l'on est le principal acteur. Raconter chronologiquement, et avec précision, cinq manies, les cinq dépressions récurrentes et les intervalles libres entre deux cycles, soit huit années de vie parfois très riche en événements, aurait été trop long, lassant et trop souvent répétitif. J'ai donc choisi de raconter la manie la plus caractéristique, et comme seule entorse à la rigueur, accepté que quelques scènes d'autres manies personnelles y soient associées.

La reconstruction du souvenir de cette histoire a nécessité un énorme travail de mémoire : plus la manie est intense, plus son vécu refuse d'y rester gravé. À chaque retour d'hospitalisation j'ai cherché à retrouver le souvenir des événements. Toujours la même sensation de ne plus avoir en tête qu'une sorte de puzzle dont il manquerait une grande partie des pièces. J'avais besoin, pour les retrouver et reconstituer le contenu de toute l'histoire de cette exaltation, de questionner ceux qui en avaient été témoins. Les membres de ma famille, surtout au début de la maladie, ont eu tendance à faire l'autruche ; je pense que leur comportement est assez classique. Il m'a été très difficile d'obtenir les informations que je souhaitais. Il m'a fallu user de patience, attendre parfois plusieurs années pour poser telle ou telle question et retrouver telle ou telle séquence ; souvent il suffisait d'un mot, d'une toute petite partie de l'information qui avait été oubliée pour que tout revienne. Parfois, malgré tous mes efforts, certains événements qui m'avaient été précisément rapportés me restent encore aujourd'hui tout à fait inaccessibles, enfouis pour toujours peut-être au royaume des oublis.

Cette politique de l'autruche n'est pas le monopole

des proches, il semblerait que beaucoup de malades la pratiquent avec encore plus d'acharnement, probablement aussi inconsciemment que consciemment, gâchant, à mon avis, une chance de comprendre qui leur permettrait de mieux maîtriser leurs futures crises.

La naissance d'une manie

Durant près d'un demi-siècle de vie, j'ai dû chaque matin faire face à de grosses difficultés de réveil. Une heure environ m'est nécessaire pour acquérir une forme satisfaisante et être opérationnel ; une longue douche très chaude, un bon petit déjeuner, un passage aux toilettes, puis une première cigarette me sont indispensables pour qu'on puisse enfin m'adresser la parole sans risquer de me trouver grognon. J'ai pourtant un bon sommeil « non stop » de huit heures minimum, à condition que l'on me réveille, et un endormissement toujours rapide.

Ce matin-là, le ciel était plus beau, plus bleu, le soleil plus chaud, le tilleul familier près de notre terrasse plus majestueux, les bruits de la nature qui s'éveille plus agréables, le chant des oiseaux plus mélodieux, les odeurs habituelles du jardin plus subtiles. Je quittai mes pantoufles pour marcher pieds nus, passant du ciment au gazon pour profiter des sensations agréables de ces différents contacts ; j'éprouvais un bonheur réel à goûter toutes ces saveurs, à m'en régaler même. Je m'étais réveillé spontanément légèrement plus tôt qu'à l'habitude, tout de suite en pleine forme, si bien que je n'avais pas eu besoin de respecter le rituel habituel. Cela faisait juste un quart d'heure que j'étais debout, et la « machine » tournait déjà mieux qu'à mes meilleurs moments.

J'entrepris de déjeuner en musique. Je dirais, en paraphrasant Woody Allen, que Wagner me donna envie d'envahir la Pologne, tandis que Chopin me fit presque pleurer. Je ne pus résister à l'envie de mieux profiter de ces mélodies et montai un peu le son, espérant aussi offrir un réveil agréable au reste de la famille ; l'heure était décente et je voulais faire partager mon allégresse. Le résultat ne fut pas celui que j'escomptais. L'étonnement se lisait sur les visages, mais aussi une certaine réprobation : j'avais bousculé les habitudes, moi qui suis toujours le dernier levé, et, à cette heure, normalement très taciturne.

Pourtant, à cet instant, ce n'était encore qu'une légère hypomanie, une superbe pleine forme, un début, dont le développement serait moins idyllique.

Une forte et agréable odeur de pomme attira mon attention. Au premier regard, je ne vis rien qui pouvait la justifier, puis, tout à coup, dans l'autre pièce, à quatre mètres, je remarquai la corbeille de fruits. Cette nette augmentation de mon odorat m'intrigua. Dehors, ce fut l'odeur d'un feu de bois, agréable, délectable même, j'ai longuement pris plaisir à la respirer... puis, plus loin, une autre encore, mais là c'était repoussant, désagréable, insupportable : un voisin brûlait des herbes vertes et quelques plastiques.

Les déodorants de mauvaise qualité utilisés dans les voitures, les toilettes, certains de ceux utilisés pour les pièces d'habitations, m'étaient devenus insupportables jusqu'à la nausée. À cette époque, dans les stations-service, on avait le choix entre l'ancien Super 97 avec plomb et le nouveau Super 98 sans plomb ; faire un plein du premier était un supplice alors que je prenais un réel plaisir à respirer les effluves du second. Les parfums des femmes que je croisais me faisaient le même effet très contrasté, il ne m'était pas très difficile de deviner la qualité utilisée au regard de l'allure générale de la personne, et me trouver ainsi rassuré sur la valeur de mon bon goût ; je ne leur faisais pas pour autant part de mes déductions... Je restais en retrait, et résistais encore à la tentation, nettement plus forte qu'à l'habitude, de flatter celles qui m'attiraient. Il est vrai que j'ai toujours été sur ce sujet très réservé, peu sensible au spectacle de leurs charmes, le contraire d'un dragueur.

Toutes les perceptions sensorielles étaient amplifiées, et leur impact émotionnel aussi.

Je fus ce jour-là très actif, très productif, alternant loisirs et travail. Je tondis le gazon, taillai les haies, rangeai mon atelier et, pour me récompenser, m'offris une promenade à travers champs avec ma motocross 125cc de compétition, une machine « spécial » « sensations fortes », aux accélérations fougueuses, presque dangereuses, et qui m'a procuré cette fois un plaisir plus intense qu'à l'habitude. J'étais actif mais calme, non fébrile, je respirais plus profondément, j'étais plus déterminé, plus prêt à accepter les risques, à les rechercher même.

Le lendemain, je me réveillai encore une demi-heure plus tôt, avec la même forme, les mêmes sensations matinales, le même besoin de musique classique. J'avais remis à plus tard depuis quelques mois l'abattage risqué de trois peupliers d'Italie d'environ trente mètres de haut et soixante-dix centimètres de diamètre à la base, un travail colossal dont j'avais enfin décidé que ce serait le jour. Il était impératif d'être précis au mètre près pour faire tomber ces arbres sans dégâts pour les clôtures, les autres plantations et les jardins voisins. Mon épouse était inquiète et m'accompagna. Je fis une trace sur le sol pour lui indiquer l'endroit exact où je prévoyais de faire tomber le premier arbre. Après le cri rageur de la tronçonneuse vinrent les craquements sinistres qui précèdent la chute de l'arbre ; l'angoisse était à son comble. Le peuplier s'abattit juste sur la marque prévue. Ma femme ne put retenir un « ouf » de soulagement et reconnut la beauté et la précision de l'exploit. Comme un équilibriste, allant de branche en branche, sans l'aide de mes mains occupées à tenir la dangereuse tronçonneuse, j'ai débité l'arbre en bûches de cinquante centimètres. Le travail fut rondement mené, en un temps record. Puis je m'attaquai aux deux autres... Le soir, le bois était rentré et entassé.

Je profitai des pauses nécessaires à ce travail très physique pour effectuer de petites tâches plus reposantes, laissées jusqu'alors en attente. Je n'arrêtais pas un instant, il me fallait agir ; je me sentais bien, ni nerveux, ni fébrile, un sentiment de plénitude, la vie était une fête, une jouissance, j'avais en tête mille projets très réalistes, et comptais bien les accomplir. Le mot qui caractérise le mieux tout cela est « exaltation ». Personnellement, j'y accolerais le qualificatif de « sensuelle » ; les psys américains, eux, disent « affective ».

Les jours suivants, le réveil continua de reculer de demi-heure en demi-heure ; bientôt quatre à cinq heures de sommeil me furent suffisantes pour récupérer parfaitement bien de ces journées très remplies. Il ne s'agissait pas d'insomnie, mais bien d'une diminution du besoin de sommeil, car je ne ressentais aucun signe de fatigue dans la journée. Les nuits étaient courtes mais de bonne qualité et le rythme de vie de plus en plus soutenu, créatif, productif. Je tentais d'entraîner les autres dans cette dynamique nouvelle et forte qu'ils ne pouvaient pas suivre. Les goûts de luxe, la quête permanente de plaisir, la tendance aux dépenses excessives, m'amenèrent à acheter une bouteille d'un des meilleurs whiskys, du Chivas Soluté, à six cents francs, dont la consommation demeura raisonnable quelques jours.

N'en déplaise à certains psychiatres, à ce niveau, la manie, qui n'est encore qu'une hypomanie, est très productive ; il est vrai qu'à ce stade ils ont rarement l'occasion de nous voir. Au moment où cela arrive, lorsque nos proches nous y ont contraints, l'état est déjà monté beaucoup plus haut, et est devenu réellement pathologique. Certains ont la chance de ne pas dépasser ce niveau, il en est même chez qui l'hypomanie semble correspondre à leur nature, leur personnalité. Ces « hyperactifs » sont en général pénibles eux aussi pour leurs proches. Il m'est arrivé de rester ainsi pendant six mois, apparemment stabilisé, mais j'ai malheureusement connu d'autres développements plus durs, dommageables, ou même dangereux pour moi et pour les autres.

Une telle métamorphose déstabilisa nos rapports familiaux : les habitudes étaient trop bousculées, le nouveau rythme trop élevé. Mes proches ont choisi la résistance au changement et cherché à imposer le maintien de l'ambiance habituelle, voire sa triste monotonie. J'ai insisté pour leur faire profiter de ma nouvelle dynamique, de mon positivisme peut-être déjà excessif ; les tensions sont montées, les petits conflits se sont multipliés. Alors, j'ai commencé à réveiller de vieux différends plus ou moins oubliés, enfouis, mais en tentant de les résoudre, je ne parvenais qu'à les raviver, aggravant ainsi la dégradation de la qualité de nos rapports conjugaux. La croissance de mes désirs et de mes performances sexuelles compensait quelque peu la situation, mais chaque jour la tension devenait plus intenable. Ces difficultés supplémentaires entraînèrent une augmentation de ma consommation d'alcool, dans des proportions toutefois encore raisonnables.

Le piège était en train de se refermer. Je pense qu'à ce moment la réaction des proches est déterminante sur l'évolution des événements. Le stress, les contrariétés, les tensions psychologiques et l'augmentation de la consommation d'alcool accélèrent le processus. La sérénité, l'acceptation et la complicité l'apaisent ou du moins évitent de le précipiter. S'il est vrai que chaque manie aggrave la suivante, il est également vrai que le seuil de tolérance des proches diminue. Leurs réactions d'opposition se font de plus en plus vives, de plus en plus précoces au fil de l'évolution du mal, devenant excessives, anticipées et précipitées. À ce stade de transition vers un état pathologique, il est bien difficile de démêler ce qui est dû à la maladie et ce qui est la conséquence des réactions de l'environnement ou des autres facteurs extérieurs. Alcool, tensions psychologiques familiales et stress divers jouent un rôle étrange. Causes et conséquences se ferment en boucle. On ne sait plus si c'est la manie qui est à l'origine de l'alcoolisation et des tensions, ou si c'est l'inverse. Les deux éléments se répondent et s'amplifient mutuellement.

Quand la belle forme évolue vers une manie

J'ai commencé à saisir toutes les occasions de quitter la maison pour fuir ou simplement éviter cette ambiance devenue trop pénible. Ces départs étaient au début rares et brefs, mais leur multiplication a encore aggravé la détérioration de notre vie familiale. Un besoin croissant de liberté m'amenait à ne pas justifier ces départs, contrairement à mes habitudes, donnant à mon épouse des prétextes de soupçons sans fondement réel. Il est vrai qu'une autre transformation pouvait la conforter dans ses doutes. Jusque-là, j'attachais assez peu d'intérêt à l'élégance de ma tenue vestimentaire, or, depuis quelque temps, je portais fréquemment une cravate, je réutilisais du parfum, et lors d'un voyage à Paris je m'étais même acheté un nouveau costume et une paire de chaussures. C'était la première fois que je m'habillais seul, sans la faire participer à mes choix ; d'ordinaire elle devait insister longuement pour me forcer à renouveler mes tenues vestimentaires. Je profitais de ces journées parisiennes pour m'offrir de grands restaurants où je perfectionnais mes connaissances gustatives sur les grands whiskys les plus âgés. Ma consommation était encore raisonnable, un contrôle d'alcoolémie aurait été négatif. Je vivais dans une fantaisie qui n'était pas encore de l'exubérance.

Il s'était écoulé environ quatre semaines depuis ce premier réveil précoce. Cela faisait deux semaines que ma présence à la maison avait commencé à se raréfier, j'étais maintenant absent un jour sur deux. Je me détachais psychologiquement ; mon épouse était de plus en plus agressive et moi de plus en plus indifférent. Je ne pensais pas au divorce, elle non plus, mais j'avais besoin de liberté.

Dans ce contexte, je ressentais une sorte de désir de compenser mes difficultés conjugales, en donnant libre cours à mes pulsions épicuriennes. C'est ainsi qu'en une heure, avec une carte American Express, comme le ferait un émir du Golfe, ou comme on achète une simple baguette chez le boulanger, je me suis offert un beau cabriolet Jaguar XJS6 chez le concessionnaire Rolls-Royce — Jaguar de Paris, sans en informer au préalable mon épouse. La déraison n'était en fait pas si évidente. Ce véhicule de grand luxe valait certes six cent mille francs neuf, mais j'avais quand même eu la prudence de réfléchir, de comparer le rapport qualité-prix ; mon achat était une occasion garantie un an, avec seulement vingt mille kilomètres au compteur, et je n'ai finalement déboursé « que » deux cent mille francs. Cette somme représentait la totalité de nos économies disponibles sur le compte, mais le véhicule de mon épouse avait été payé neuf le même prix. C'était un achat excessif, fantaisiste, mais pas « déraisonnable ».

Où peut-on situer la frontière de la raison ? C'est une très vieille question philosophique, toujours pas tranchée et qui ne le sera sûrement jamais.

Ce nouveau jouet fut la goutte d'eau qui fit déborder le vase. L'accueil de mon épouse fut glacial, agressif, les discussions devinrent violentes, les querelles dégénérèrent en crise de nerfs, en véritables affrontements. En plus du courroux de mon épouse je dus faire face à la réprobation de mes deux filles, solidaires de leur maman. Quelques jours plus tard, j'étais privé de ma Jaguar : l'aînée, âgée de dix-neuf ans, qui avait l'habitude d'utiliser mon ancien véhicule, m'en refusa l'usage. Elle avait pris les clés et comptait bien les garder. Je la giflai et dus utiliser la force pour lui ouvrir la main et les récupérer. Aujourd'hui, huit ans après, elle reste encore marquée psychologiquement par cet incident, d'autant plus fortement que cela ne lui était jamais arrivé avant.

Fuyant les cris et les larmes, je bouclai ma valise en emportant ce que j'avais de mieux, sans oublier mes parfums et ma bouteille de Chivas... Je rajustai ma cravate et pris la route vers une destination non définie. Sur l'autoroute, je m'arrêtai à chaque station-service pour acheter des modèles réduits de belles voitures, et des journaux en trop grand nombre pour être tous lus. Je roulais très vite, imprudemment, doublant sans complexe par la droite les automobilistes qui s'entêtaient à rester sur la voie centrale ou sur celle de gauche.

Je m'étais mis en tête d'aller sur la Côte d'Azur, chez des cousins, mais en passant d'abord par Paris pour y faire la fête. Provincial peu habitué à une conduite en ville au culot, je me suis comporté comme un local expérimenté, avec un certain succès : même les chauffeurs de taxi me laissaient passer. Il n'y eut pas de tôle froissée, et un contrôle d'alcoolémie, négatif mais limite, étonna fortement la maréchaussée. L'« ivresse » que je ressentais était visible, mais due plus à l'exaltation qu'à l'alcool.

Réfugié à Paris chez une ancienne relation féminine, je commençai à nourrir le projet de refaire ma vie, mais l'entente ne dura pas bien longtemps. Alors commença une surprenante et efficace multiplication de conquêtes féminines.

Je lisais beaucoup, très vite, la presse politique de bon niveau, la presse culturelle, et des journaux de politique internationale, m'arrêtant surtout sur les sujets philosophiques et de société. Cela encourageait chez moi le goût nouveau d'être un acteur plus engagé dans les événements qui y étaient relatés. J'échafaudais des théories générales et philosophiques complexes sur la nature humaine, sur la société, sur la politique, sur les rapports socio-économiques. Ces constructions n'étaient pas ridicules, un peu utopiques seulement, et faisaient bonne figure lors des échanges d'idées avec les gens parfois brillants que je rencontrais dans de grands hôtels où je descendais. Une formidable mémoire immédiate était associée à un réveil impressionnant de la mémoire du passé, une brillante capacité cognitive à assembler ces matériaux me rendait capable de performances intellectuelles spectaculaires. Je garde le souvenir de cette partie d'échecs jouée et gagnée très rapidement, de main de maître à Toulon. J'avais les idées très claires, la pensée fluide, et j'étais très conscient de cette amélioration réelle de mes aptitudes. Mon ego trouva là matière à engendrer des idées mégalomaniaques.

J'ai commencé à collectionner les cartes de visite des rencontres BCBG que je faisais, mais aussi à mettre sur papier ces théories, ces schémas, expliquant les fondements philosophiques, économiques, sociologiques, écologiques, éthologiques, psychologiques..., que j'avais en tête. Je tentais de refaire le monde.

Bref, l'individu déjà loquace de nature, mais plutôt solitaire, rationnel et discret, prudent, fidèle, non militant, calme et sobre, s'était transformé en personnage avide de socialité, fantaisiste, affable, trop volubile même, amateur de risque, dragueur, s'engageant facilement pour des causes diverses, parfois irritable, et s'alcoolisant.

Le besoin de bavardages s'intensifiait de jour en jour, tandis que ma capacité à écouter les autres s'affaiblissait. Je voulais si fermement imposer mes points de vue que je commençais à perdre mon aptitude récente à créer rapidement de nouvelles relations. L'audace, le toupet, compensèrent partiellement cette baisse d'efficacité dans les rapports humains. Pour les rencontres de bon niveau cela ne posait pas de problèmes particuliers ; en revanche, les aléas de cette errance me mirent parfois en présence de personnages moins délicats, chez qui mon attitude développait des réactions physiques violentes. Ma curiosité formidablement développée me poussait à cultiver aussi ce type de relations ; j'étais attiré par l'exotisme des deux extrêmes de notre société, que je connaissais fort mal. Le monde me semblait de plus en plus étrange : le premier coup de poing sur le nez d'un agressif et le mépris d'un snob des beaux quartiers m'ont fait le même effet, une sorte d'indifférence amusée. J'étais, dans un sens, plus calme qu'à l'accoutumée, sans aucune envie de riposter, au-dessus de tout cela. Je commençais à être ailleurs, j'étais devenu un autre.

La prise de tous mes repas dans des restaurants, la solitude, la convivialité de bistrot, eurent pour conséquence une accélération de l'alcoolisation. Très rapidement, en quelques jours, mon état de santé se dégrada. Des trous de mémoire apparurent, mon sommeil était agité ou disparaissait complètement, il me fallait impérativement des sommeils flashs au cours de la journée. J'avais aussi des angoisses et commençais à confondre les visages. C'étaient de simples erreurs interprétatives au début, mais aussi le signe des premières défaillances de ma super-mémoire du passé, annonciateur d'une progression vers le délire, dysfonctionnement mental aux frontières floues.

La manie franche

Les trous de mémoire se multipliaient, j'oubliais toujours quelque chose, un briquet, des cigarettes, mes papiers, mes clés de voiture, un journal... Je m'en apercevais vite, échangeais quelques mots avec celui qui me restituait l'objet, et je repartais en laissant autre chose ; quatre ou cinq étourderies pouvaient ainsi se produire en cinq minutes. Mes exubérances, mes extravagances, mes fantaisies, mes comportements insuffisamment « socioconformes », provoquaient chez les autres des réactions violentes de plus en plus fréquentes et parfois physiques. Je n'étais plus aussi apte à créer et à entretenir des rapports humains, et devenais toujours plus irritable, en réaction peut-être à l'impression croissante de rejet que je ressentais. Les idées de grandeur se développaient encore. Un sentiment de toute-puissance, d'invincibilité, de mission divine, revenait plus fréquemment et avec plus d'intensité, accompagné d'un besoin d'humour, d'un désir de jeu, alternant avec de subites et fortes pulsions d'angoisse.

J'allais et venais sans cesse avec une frénésie croissante, avalant les kilomètres sans but réel et à des vitesses excessives. Mes dépenses en notes d'hôtel de luxe, en restaurants gastronomiques et en achats futiles divers s'accumulaient lourdement dans l'insouciance la plus totale. Un nouveau phénomène fit son apparition, très surprenant : malgré un appétit féroce et le choix de mets très fins, j'étais rassasié avec la moitié d'une entrée. Je me régalais pourtant, et plus qu'à l'accoutumée, les sens toujours exceptionnellement en éveil.

J'avais conservé avec les miens des contacts téléphoniques épisodiques ; j'étais conscient que leur volonté était de me faire hospitaliser, à tel point que je tournai un jour pendant deux ou trois heures devant l'aéroport Roissy-Charles-de-Gaulle, incapable pourtant de concrétiser un très fort désir de disparaître au bout du monde.

Je commençais à être profondément épuisé, et j'avais perdu dix kilos environ. Mon épouse était également au bout du rouleau.

Je m'enfonçais progressivement dans un délire de plus en plus dur ; mes bavardages devenaient presque incessants, ponctués de flashs mystiques. J'avais l'intime conviction de recevoir des signes de Dieu, parfois d'extraterrestres, au travers des événements ordinaires de la vie. J'étais de plus en plus persuadé de communiquer avec Lui. Pour Lui plaire, je devenais un véritable intégriste de l'écologie : je conservais mes filtres de cigarettes dans ma poche, ramassais même ceux qui jonchaient le sol, en attendant de trouver une poubelle ; je m'arrêtais sur la route pour récupérer le cadavre d'un hérisson écrasé par un autre automobiliste et le mettais sur le bas-côté, à l'abri des risques de mise en bouillie, en accompagnant mon geste d'un recueillement spirituel discret. Une tendance Zorro ou Don Quichotte me poussait à multiplier les situations délicates, de l'invitation de clochards dans des restaurants de luxe au déplacement de panneaux de sens interdit mobiles que j'estimais mal situés. J'étais toujours prêt à aider, de plus en plus mal à propos.

Une disparition du rythme jour — nuit s'installait, le sommeil n'était plus limité qu'à des siestes impératives, prises au hasard des nécessités. Toutefois les signes de fatigue restaient globalement faibles au regard de cette quasi-absence de repos.

L'alternance de lucidité et de délire pouvait avoir lieu en quelques minutes, il en allait de même pour le passage de l'euphorie à l'angoisse. Je pense que mon cerveau tentait désespérément de se « raccrocher à la réalité ». Cette conscience ponctuelle de la gravité de mon état délirant et la forte aggravation des trous de mémoire devaient être liées à de grosses angoisses.

Je confondais les visages, commettant des erreurs de plus en plus fréquentes, de plus en plus graves, confinant parfois au surréalisme. Dans un hôtel, j'ai cru voir dans une femme de chambre créole la réincarnation, la mutation, ou quelque chose comme un clone de la maîtresse tout à fait européenne chez qui je m'étais réfugié au début de cet épisode. Elle se montra très gênée par cette confusion, même si mes propos étaient restés corrects.

Les pertes de mémoires perturbaient aussi mon sens de l'orientation. Je ne me souvenais plus des objectifs de mes déplacements, ni du chemin déjà parcouru. Je refaisais le même trajet à l'envers, plusieurs fois de suite parfois, sur des parcours simples comme celui d'une autoroute. Cette véritable amnésie, survenue à l'issue d'une sensation angoissante de « vidage » progressif du cerveau, me fait encore frémir aujourd'hui. J'ai ressenti un peu ce que décrit Hal, le super ordinateur chef de mission du film 2001, l'Odyssée de l'espace, lorsqu'il se fait déconnecter. En urgence, avant de perdre tout repère, j'ai lancé à grand-peine un appel au secours à ma famille d'une cabine téléphonique, et, abandonnant mon véhicule mal garé, je me suis engouffré dans une clinique qui se trouvait près de là.

J'y reçus un accueil réconfortant qui me permit de récupérer : une heure après, je reprenais la route et rentrais sagement à la maison. L'exaltation se calma quelques jours, puis elle remonta et je repris mon errance.

Je percevais des signes étranges provenant des oiseaux, des arbres, du ciel, des feux tricolores, de mon autoradio ; j'étais capable d'une sorte de dialogue télépathique avec ces êtres ou ces choses, j'avais la conviction qu'ils m'adressaient des messages. Les nuages cessaient d'occulter le soleil si je le désirais en pensée, les oiseaux venaient vers moi en chantant quand je le souhaitais intimement, les feux passaient au vert sur commande, la radio distillait la musique mentalement demandée. Si mes amis feux rouges passaient généralement au vert en me voyant venir, ils étaient parfois un peu en retard, alors je traversais quand même avec une prudence redoublée. La synchronisation très banale de la signalisation lumineuse s'était changée dans mon cerveau épuisé en une interprétation mystique de communication, de complicité. Quant aux arbres, que j'aime beaucoup puisque la création de bonsaïs fait partie de mes très nombreuses activités, ils me semblaient tout à coup dotés de sensibilité et dignes du même respect que celui dû aux animaux. Je ressentais une sorte de culpabilité de les avoir si souvent taillés, amputés, mutilés, et je m'excusais silencieusement de devoir hélas continuer cette pratique. Le pire était leur abatage, qui prenait à ce moment-là la stature d'un acte criminel.

Irréalité, perceptions psychédéliques, surréalistes, impression d'être dans un autre monde, comme la sensation d'entrer dans une sorte de jeu vidéo dont on est le personnage central, ou d'être parvenu par je ne sais quelle « téléportation » sur une autre planète, dans une quatrième dimension... Les illusions de « dialogues » avec la radio, les oiseaux, le ciel, les feux de circulation, provenaient probablement des trous de mémoire et de mon hyperémotivité, qui étaient à l'origine d'inversions chronologiques transformant les conséquences en causes.

Si le vol d'un oiseau se dirigeait vers moi, je transformais ce hasard en l'exécution d'un souhait. L'émotion que me procurait cet événement fortuit se transférait, comme en remontant le temps, sur mon désir souvent inconscient qui alors, amplifié, prenait les dimensions d'une demande, d'un vœu, d'une prière, d'un ordre même, émis par le conscient... Ma mémoire défaillante inversait, confondait désir et plaisir, et m'offrait la preuve que je vivais en permanence des miracles. En d'autres termes je prenais mes désirs pour des réalités... Les bons prestidigitateurs ne sont-ils pas capables de tromper nos sens en jouant uniquement sur ces transferts de l'« affect » ou de l'intérêt ? de nous offrir des illusions qui, s'ils le voulaient, prendraient des saveurs surnaturelles ou spirituelles ? Il y a peu de temps, Ury Geller, en tordant des cuillères au travers d'une cloche en verre, mais aussi Benveniste, un chercheur du CNRS à la solide réputation, avec sa « mémoire de l'eau », ont déliré ou volontairement trompé une partie importante et influente de la communauté scientifique mondiale qui s'est engouffrée dans le piège comme des moutons de Panurge.

Je parvenais à contenir mon irritabilité envers les personnes, même agressives, mais je me défoulais parfois sur des objets. J'arrachai un jour par exemple le combiné d'une cabine téléphonique en panne. Comme la radio ou les signaux tricolores, elle m'apparaissait, dans mon délire, douée de raison, et donc responsable ou coupable de mauvais esprit. Je renversai aussi une table de restaurant après une trop longue négociation faisant suite à un différend sur le paiement de la note. Ce furent les seules manifestations de cette « violence » qui fait si peur à tout le monde. Même en réponse à une agression physique, et j'en ai déclenché beaucoup, elle ne dépassait pas la menace, l'intimidation, pouvant devenir très impressionnante.

De l'irritabilité à l'agressivité puis à l'agression, il y a une progression que la crise maniaque peut accélérer, comme le font l'alcool et les stupéfiants, mais aussi certains antidépresseurs. Ne dit-on pas in vino veritas ? Ces agents potentiellement déclenchants sont plus des révélateurs de la personnalité que des amplificateurs de nos comportements.

Ma familiarité excessive et mon humour de plus en plus gaulois frôlaient parfois une grossièreté à la limite de l'acceptable, mais déclenchaient encore chez les dames une forte hilarité... Je n'ai jamais pris de claque, cela m'étonne encore aujourd'hui !

La fin d'un « trip » stupéfiant car sans stupéfiant

Ma famille avait mis en place une procédure d'« hospitalisation sur demande d'un tiers », et je m'en doutais. Même au plus profond du délire il reste toujours plus qu'une étincelle de lucidité, de capacité d'analyse rationnelle. Le délire n'est pas permanent, il alterne avec des phases « normales », ou presque, de durée variable. Par ailleurs, je maintenais épisodiquement des contacts téléphoniques sans révéler où je me trouvais.

Mon épouse vint me cueillir avec les gendarmes dans cet hôtel où j'avais réservé une suite. J'y faisais assez bonne figure, j'amusais un peu, parlais beaucoup ; le gérant était intrigué mais se montrait surtout inquiet de ma solvabilité. C'est cela qui permit à ma famille de me retrouver. Le stress dû à cette traque, à cette imminente hospitalisation sous contrainte, fit monter encore le délire. Cela se traduisit par un bavardage ininterrompu de plusieurs heures – un vrai discours de Fidel Castro – très cohérent, à l'exception de quelques considérations sur d'éventuels extraterrestres, émaillé d'un grand nombre de jeux de mots de qualité variable, construits sur des assonances ou des cousinages conceptuels. La ligne directrice de mes idées était du type « marabout — bout de ficelle — selle de cheval... », offrant à l'auditeur peu attentif une impression d'incohérence, de sauts du coq à l'âne. Elle cachait en fait, par ses contournements, la ferme intention de ridiculiser les gendarmes qui accompagnaient mon épouse et devaient m'empêcher de fuir. Ce fut assez efficace pour que l'un d'eux soit plusieurs fois obligé de retenir son collègue rendu furieux par mes propos subtiles et cyniques, irritants au possible sans être insultants ou grossiers, toujours à la limite de l'irrespect. La présence de mon épouse, de ma fille, et de nombreux témoins n'étaient plus une motivation suffisante pour lui faire éviter la bavure.

Je ne réagis pas violemment à la contrainte, et participai même docilement à la procédure d'hospitalisation. Mon hostilité était purement verbale et exclusivement dirigée vers les membres de ma famille, les responsables de ma situation. J'ai refusé le brancard et suis monté de moi-même dans l'ambulance. Je connaissais le véhicule, un break avec cabine surélevée, pour l'avoir vu de l'extérieur. Et pourtant, de l'intérieur, je lui trouvais quelque chose d'irréel, de fantasmagorique : il n'avait plus ni avant ni arrière, c'était une sorte de cube roulant. Les regards fuyants des deux infirmiers et leur silence inquiétant me fascinaient, ils semblaient ne pas m'entendre. Tout à coup, l'énigme se résolut : j'étais emmené par des extraterrestres dans un véhicule spécial qui devait nous amener vers un engin plus adapté à un voyage spatial très lointain. Cette certitude alors bien ancrée me réjouit pleinement.

Une réserve quand même : et si tout cela n'était qu'un rêve étrange qui n'en finissait pas ? Non, je voyais bien au travers d'un petit coin de la vitre arrière notre soleil s'éloigner si vite qu'il n'y avait aucun doute ; il n'avait même pas été nécessaire de changer de véhicule pour ce voyage, nous avions décollé depuis un moment, et la Terre n'était déjà plus visible.

Résigné, je me suis relaxé, et j'ai arrêté là mes observations et mes déductions. C'est dommage car j'aurais pu voir d'autres « soleils » s'éloigner très vite, chaque fois qu'un réverbère passait dans le champ de la lunette arrière.

La planète qui m'accueillit une heure plus tard ne fut pas aussi hospitalière que je l'espérais. C'était pourtant un hôpital...

Mon taux d'alcoolémie fut mesuré à 0,5 unités, quantité insuffisante pour expliquer mon état.

Du surrégime à la manie : un engrenage implacable

Jean-Alain considère, sans doute à juste titre, que la manie pure n'est qu'une formidable amplification de la sensibilité de la sphère émotionnelle (dont l'existence différencie l'intelligence humaine de l'intelligence dite artificielle), engendrant une amélioration nette et pertinente des performances du traitement par le cerveau des messages sensoriels, apportant un développement des satisfactions, des plaisirs. Cette surmotivation épicurienne, toujours selon Jean-Alain, « allume » les désirs, les motivations, et génère une hyperactivité généralisée du cerveau que celui-ci va amplifier encore dans une forme « d'auto-allumage ». Un cercle vicieux du type « causes créant des conséquences amplifiant les causes qui leur ont donné naissance » se referme, déformé par une sorte d'effet Larsen, une résonance, un emballement, faisant franchir un point de non-retour au-delà duquel la raison (et non la conscience) n'a plus ou très peu de capacité d'action et de régulation. Il en est ainsi par exemple de la progression de l'acte sexuel. Ce « surrégime », sans fatigue apparente au début, va graduellement devenir chaotique, un peu comme une crampe musculaire de sportif, en moins brutal, qui peut aller jusqu'au claquage, à la déchirure, et porte le nom médical de délire ou celui, populaire, de folie. Les courbatures guérissent vite, en un jour, les crampes laissent souvent des séquelles et ont tendance à récidiver, les déchirures, elles, nécessitent des semaines de convalescence ou plus encore s'il s'agit de tendons. Pour le cerveau, il en va sûrement à peu près de même : une faiblesse s'est créée, ouvrant très largement la porte à des rechutes. Le cerveau, comme les muscles, fonctionne en consommant de l'énergie sous forme de glucose dont la « combustion » produit les mêmes toxines.

Aux séquelles du premier accès s'ajoutent celles des suivants, chaque accès nouveau préparant le futur ; la fragilité, l'émotivité s'amplifient, et le seuil de stress acceptable sans rechute devient de plus en plus faible. La fréquence des crises s'élève, les intervalles libres peuvent disparaître, on parle alors de cycles rapides. Une évolution aux contours plus flous est également possible lorsque les symptômes dépressifs et maniaques se superposent en états mixtes, véritables enfers redoutés des médecins.

Un vaste « cercle vicieux » se met en place à l'échelle des années et gouverne l'évolution générale de la maladie, le premier « cercle » n'expliquant que le déclenchement de l'accès maniaque. Ce mécanisme est d'ailleurs aussi celui de la dépression.

Un épisode maniaque inaugure le plus souvent les formes typiques du trouble bipolaire : il annonce dans plus de 80 % des cas une évolution maniaco-dépressive. L'épisode d'excitation peut survenir dans un contexte de surmenage, à la suite d'une succession d'événements pénibles de la vie ou d'un traumatisme affectif intense. Un deuil par exemple peut être à l'origine d'une excitation maniaque ; on parle de « manie de deuil ». Le décalage horaire – en particulier dans le sens ouest-est – est un autre facteur déclenchant que l'on rencontre de plus en plus fréquemment. Il concerne surtout les personnes prédisposées.

Le symptôme de début le plus fréquent et le plus

facile à reconnaître est l'insomnie, la perte ou la réduction du temps de sommeil : non seulement elle représente un « signal symptôme », un signal d'alerte, mais elle peut aussi contribuer à entretenir l'état d'excitation, voire à l'aggraver. En règle générale, l'insomnie n'est pas vécue douloureusement, elle est au contraire bien perçue : c'est le moyen de rattraper le temps perdu pendant la phase dépressive. Le malade s'endort de plus en plus tard et s'éveille de plus en plus tôt, sans aucun effort, à la grande surprise de son entourage qui ne tardera pas à s'en inquiéter.

L'hypersensorialité évoquée par Jean-Alain est souvent rapportée par les patients, mais elle n'est pas un critère clinique reconnu par la faculté.

La plupart des patients mentionnent aussi une hyperactivité : les activités se multiplient, le plus souvent en rapport avec de nombreux projets. Dans son traité traduit en 1913, Emil Kraepelin mentionnait cet esprit d'entreprise prodigieux qui ne s'arrête jamais : « Les malades font toutes sortes de plans, veulent apprendre le chant, écrire une pièce de théâtre, envoient des projets de réforme au préfet de police ou à l'administration des chemins de fer [...], fondent des entreprises absurdes, achètent des maisons, des habits, des chapeaux... » J'ai encore en mémoire les excès d'un de mes patients, professeur de faculté, qui avait projeté d'étudier l'intérêt des radiations solaires dans la stérilisation des conserves en verre en Afrique : il diffusa dans l'enceinte de l'établissement de nombreuses affiches détaillant scrupuleusement le futur voyage. L'année suivante, il concrétisa le projet de transformer sa cuisine en vivier d'écrevisses afin d'étudier leur reproduction...

Cette hyperactivité s'exprime aussi bien au niveau intellectuel qu'au niveau moteur. Les idées se multiplient et parfois s'entrechoquent dans un flux verbal incessant : le nombre de syllabes prononcées en une minute est presque le double de celui d'un sujet témoin ! On peut également observer une tendance à la graphorrhée : le patient transmet romans, poésies, essais... Il relève tous les détails, parfois avec une certaine causticité ; on appelle ce phénomène « hypersyntonie ».

D'autres manifestations caractérisent aussi la phase initiale, mais sous une forme atténuée. Elles se retrouvent au cours de la phase d'état, lorsque l'épisode est constitué : agitation, désinhibition sexuelle, excentricité, mégalomanie... Le professeur mentionné plus haut était un jour venu me consulter en urgence, en fait pour me présenter l'une de ses étudiantes, dont l'« instabilité thermique vaginale » l'inquiétait beaucoup.

Des études récentes confirment que la reconnaissance précoce d'un état d'excitation permet d'éviter une hospitalisation ; ce n'est en revanche pas vrai d'un état dépressif. Il est donc essentiel que le patient et ses proches sachent identifier et détecter le symptôme annonciateur de la manie, qui peut être propre à chaque personne. Cette reconnaissance précoce repose sur une sensibilisation, une « éducation » du patient et de son entourage.

L'élément qui doit être identifié à ce stade est le premier symptôme qui permet de faire le diagnostic. Ce signal d'alarme varie selon les individus : il y a celui qui sort son saxophone du placard et qui met son chapeau noir, celui qui décide de s'acheter une nouvelle moto, qui met ses chaussures rouges, il y a celle qui s'habille soudain avec une jupe fendue, celle qui offre des fleurs à son médecin ou qui change de coiffure, se maquille outrageusement, change de vernis à ongles, le vert étant tellement plus original, celui qui a une idée fixe...

Si aucune mesure thérapeutique n'a été mise en place, l'excitation continue de s'aggraver. Il existe néanmoins des formes plus ou moins évolutives de la maladie.

Au cours des périodes d'excitation modérée, le malade conserve une forme inhabituelle qui lui permet de réaliser un certain nombre de ses projets sans tomber pour autant dans la manie aiguë.

En revanche, dans les phases intensives, l'excitation devient de plus en plus patente. Le patient reste insomniaque, ses propos ininterrompus sont teintés de thèmes de grandeur, de toute-puissance. La pensée s'accélère dans son ensemble, les idées se multiplient et s'associent selon des procédés extravagants (assonances, jeux de mots, rimes...). À ce stade, on peut parler d'une véritable « fuite des idées », souvent illustrée par l'image des moutons qui, surpris par le feu dans une bergerie, veulent tous sortir par une porte mais se précipitent les uns sur les autres ! Il n'y a plus de retenue, de contrainte. La sensation d'hypermnésie des débuts s'estompe et laisse place à de véritables troubles mnésiques. Je me rappelle certains coups de téléphone nocturnes de Jean-Alain, lors de sa dernière phase d'excitation ; son degré de désinhibition entraînait toutes sortes de familiarités, de réflexions moqueuses, caustiques, lubriques, dont il dit ne conserver aucun souvenir aujourd'hui. Je le crois sur parole, d'autant que ce phénomène ne lui est pas spécifique : la plupart des patients oublient leurs frasques. Ainsi, la familiarité devient habituelle, la sexualité se libère, les propos sont plus crus, les dépenses et la consommation d'alcool véritablement excessives. Tout est possible. Le point de non-retour est atteint.

L'excitation peut se présenter sous des aspects différents. Elle peut être associée à une activité délirante. Il n'est pas rare de rencontrer au cours des épisodes d'excitation maniaque des préoccupations mystiques inattendues, quand ce ne sont pas des idées messianiques. Le patient se prend pour le Christ ou s'attribue une fonction rédemptrice. Kraepelin signalait des malades qui prétendaient être Jésus, la perle du monde, le fils de Jésus, la fiancée du Christ, la reine du Ciel, l'empereur de Russie, le protégé du Saint-Esprit... L'excitation peut s'accompagner d'une forte agitation, d'agressivité, de colère et souvent de délires de persécution (complots politiques, implication des Renseignements généraux, de la Mafia).

Chez l'adolescent, et plus encore chez l'enfant, un épisode d'excitation sera d'autant plus difficile à reconnaître qu'à ces âges on fait parfois preuve de tels comportements, à un degré moindre. Des insomnies trop fréquentes, une irritabilité, une agitation inhabituelle, des propos mégalomaniaques doivent particulièrement attirer l'attention. Les formes prépubères restent toutefois exceptionnelles (moins de 0,5 % des troubles se déclareraient avant l'âge de dix ans), contrairement aux formes adolescentes, beaucoup moins rares. Le risque suicidaire est, chez l'adolescent, encore plus important que chez l'adulte : on l'évalue à 20 % dans le cas d'un trouble bipolaire. Le pronostic est parallèlement aggravé par de probables abus de substances dangereuses et des comportements sexuels à risques.

De diagnostic difficile, on l'a vu, ce trouble peut néanmoins être détecté à temps par des parents avisés, surtout lorsqu'ils connaissent des antécédents familiaux. La charge héréditaire apparaît en effet plus lourde dans les formes précoces. Le diagnostic peut être confondu avec une hyperactivité associée à un déficit de l'attention, car ces troubles possèdent certains éléments communs : l'individu est distrait, il a tendance à la logorrhée, son temps de sommeil se réduit, il déborde d'activité, etc. Cependant, l'existence d'une évolution périodique ou de passages euphoriques orienta le diagnostic vers le trouble bipolaire.

Les personnes âgées présentent les mêmes symptômes que les autres malades adultes, mais la spécificité de leurs épisodes d'excitation est l'origine organique du trouble (maladie neurologique, endocrinienne) et a une situation existentielle difficile, liée en particulier à la solitude et à des deuils répétés.

L'ÉPISODE DÉPRESSIF

Le plus pur hasard fit coïncider plusieurs événements forts au début de l'été 1993. Le plus terrible d'entre eux survint au bout d'une dure série : problèmes conjugaux, familiaux, épilogue d'un vieux conflit de village à la Clochemerle, retour obligé et à contrecœur dans l'Éducation nationale après un long congé en disponibilité... Ce fut le suicide de mon frère. Il souffrait peut-être, lui aussi, d'une psychose maniaco-dépressive ou d'une dépression, en tout cas d'un trouble de l'humeur qui alimentait ou était alimenté par la dégradation des relations familiales. Ce deuil arriva en juillet, alors que ma propre hypomanie s'atténuait naturellement. Mon état était donc normal, ce qui me permit apparemment de faire face du mieux que je le pouvais.

Je tins le coup à peu près deux ou trois mois, puis très brutalement, ce fut une descente aux enfers. Foudroyé, cassé, anéanti, j'ai effacé le souvenir du passage de l'état normal à la dépression, mais pas celui de l'horreur atteinte à l'issue de cette lutte perdue. Jamais je n'avais ressenti cela. J'avais bien eu un ou deux passages à vide, mais là c'était tout autre chose.

Nous étions en vacances, au mois d'août, dans une île de Bretagne du sud dont les structures médicales modestes étaient saturées. Réfugié, ou plutôt prisonnier dans un monde intérieur fait d'idées noires, de mort, de folie irréversible, je ressentais un mal profond, insupportable, une douleur psychique horrible, indicible ; j'étais pétrifié par de multiples angoisses, le cerveau paralysé, incapable d'écouter les autres. Mon épouse devait m'appeler plusieurs fois pour m'arracher à cette prison invisible. Avec un effort surhumain, je m'extrayais quelques secondes de ma torpeur, pouvant à peine saisir le message même s'il était très court, et le perdait dans l'instant. J'étais isolé, inaccessible, n'exprimant rien ni par la voix, ni par les gestes, ni par une attitude, ni par le faciès ; je ne pouvais ni entendre, ni regarder. Les causes n'avaient rien d'organique : le cerveau s'était comme éteint. Physiquement, je restais des jours entiers assis ou recroquevillé au même endroit, passant d'une position à l'autre à la recherche d'un impossible soulagement, sans pour autant pouvoir dormir. Heureusement, mon épouse avait emporté avec elle des somnifères qui m'ont permis d'obtenir quelques minutes, peut-être une heure maximum par jour, un sommeil haché et agité, me procurant une délivrance réelle, bien que passagère, de cette torture. Malgré le douloureux souvenir de ma première hospitalisation, huit mois plus tôt, je l'ai suppliée de rentrer en urgence, d'interrompre là ces vacances que nous souhaitions réparatrices, et de me placer dans une institution médicale privée.

Le retour m'a paru durer des siècles. Je portais toujours le deuil de mon frère, mais son geste de désespoir avait consolidé ma propre aversion pour le suicide, m'en avait assurément protégé. Plus le temps passe, plus je pense que je n'aurais pas su résister à la tentation de passer moi-même à l'acte si mon frère ne m'avait pas précédé, d'autant que je sais maintenant que la dépression succède inévitablement à la manie. Cette dépression, à laquelle j'eus tant de mal à survivre, était surtout due à cette maladie que j'ignorais alors, plus qu'à ce deuil qui n'a sûrement fait que la creuser encore. Le retour était une urgence, une course contre la montre ; il fallait faire vite avant que je craque. Sans gémir ou m'appesantir, j'avais prévenu ma femme de cette intenable contradiction entre la tentation d'imiter mon frère, et l'angoisse et la culpabilité insupportable que me procurait l'idée même de le faire. Chacun comprendra que je n'eus aucune peine à la persuader de me prendre au sérieux.

L'hospitalisation dura six semaines, dont je retiens un virage hypomaniaque sous antidépresseurs. À ma sortie, le médecin me prescrivit un traitement au lithium, associé à deux neuroleptiques d'ancienne génération. Je n'avais à l'époque aucune notion concernant les différentes maladies mentales et les effets – recherchés ou indésirables – des psychotropes. Il y avait les « cachets », expression désignant une nébuleuse de substances pharmaceutiques que j'absorbais avec réticence, sans trop me poser de questions. Je refusais aussi catégoriquement d'être assimilé à cette population que j'appelais encore « les fous ». J'avais tous ces comportements que je réprouve et combats aujourd'hui en participant activement à la vie associative, en m'informant toujours plus sur ce trouble, en acceptant de parler de ma propre maladie, bref, en regardant bien en face les choses et le plus lucidement possible, afin de pouvoir mieux esquiver les attaques de ce mal sournois.

Aucune information sur la maladie ne nous avait été communiquée, ni à mon épouse, ni à moi-même. Mon état s'était amélioré, j'avais retrouvé une bonne partie de mes aptitudes habituelles, mais il restait trop de handicaps : un déficit cognitif frustrant, des difficultés à mémoriser, une capacité encore limitée à me concentrer, mais aussi des insomnies, et une disparition totale de libido plutôt traumatisante pour un homme. Sur ces différents points, il est toujours délicat de faire la part de ce qui est dû aux médicaments, à la maladie, ou aux traumatismes psychologiques afférents très complexes à cerner et dont l'analyse est hélas généralement éludée.

Après avoir vivoté trois à quatre semaines dans cet état, je me suis à nouveau rendu en consultation dans la même clinique, auprès du même médecin, avec la ferme intention d'en savoir un peu plus, de mieux comprendre. Après moult pirouettes pour fuir mes questions, il m'a renouvelé la même ordonnance, sans me rassurer sur la réversibilité de la perte totale de ma virilité. De retour à la maison, je me suis précipité sur le Vidal pour y chercher, et y trouver, ce que je craignais : les neuroleptiques peuvent avoir cet effet secondaire. J'ai senti monter en moi un sentiment de trahison, une colère froide, et sans un mot, j'ai mis à la poubelle tout le traitement, y compris le lithium et le petit papier sur lequel j'avais noté la date du prochain rendez-vous ; j'avais besoin de me défouler. Si ce médecin m'avait prévenu, je n'aurais pas eu cette réaction ; il aurait pu maintenir l'espoir, car le traitement aux neuroleptiques est normalement temporaire ; j'aurais pu accepter une situation provisoire. S'il avait joué cartes sur table au lieu de choisir la langue de bois et la dissimulation, un rapport de confiance, voire une alliance thérapeutique, aurait pu s'établir.

J'ai serré les dents avec la ténacité qui me caractérise pendant les deux mois de très dure rechute qui ont suivi ce sevrage brutal, mais j'ai tenu bon. Petit à petit, en huit mois, tout s'est remis en place et j'ai repris progressivement une vie normale, sans autre séquelle qu'une plus grande difficulté à accepter parfois les situations difficiles, à gérer le stress.

Si les périodes d'excitation sont riches en événements pittoresques et parfois cocasses, je n'en ai connu aucun pendant mes phases dépressives. La dépression est l'exact opposé de l'exaltation. On a coutume de classer les activités humaines en deux catégories : le travail, perçu comme plus ou moins désagréable, et les loisirs, considérés comme agréables. La descente dans la dépression transforme progressivement nos activités plaisantes en activités pénibles. Graduellement, le champ des loisirs se réduit, pour disparaître presque totalement ; ce qui était agréable, de l'ordre du désir, devient une corvée.

On pourrait comparer l'exaltation à un tableau aux couleurs chatoyantes, et la dépression au même tableau, mais terne et en noir et blanc. La réalité, telle que nous la percevons, s'apparente à l'histoire des deux alcooliques contemplant une bouteille qui ne renferme plus que la moitié de son contenu initial : le premier, dépressif, dira que la bouteille est à moitié vide, le second, plutôt exalté, déclarera qu'elle est au contraire à moitié pleine. Le maniaco-dépressif oscille entre le pessimisme du dépressif et l'optimisme de l'exalté.

Ces fluctuations de l'humeur désorientent très souvent l'entourage. Nous entendons couramment des « fais un effort ! », des « secoue-toi ! » pendant la phase dépressive, et des « contrôle-toi ! », des « calme-toi ! » durant l'exaltation. Il nous faut éviter rumination et procrastination en planifiant les tâches obligatoires, ou même, si la dépression est sévère, accepter de ne pas les réaliser. L'attitude des proches, leurs injonctions, ont pour effet d'accroître la culpabilité du déprimé, ce qui aggravera encore l'état dépressif…

Les dépressions légères ou les débuts de dépressions

plus sévères peuvent, jusqu'à un certain stade, être combattus par la volonté du malade. Lorsque cette volonté ne suffit plus, on doit savoir l'admettre et accepter de se confier aux soins d'un médecin.

Quand je suis dans un état dépressif, mes désirs disparaissent, je ressens une insurmontable paresse associée à une profonde douleur psychique que les mots ne peuvent pas décrire. Ce sentiment de mal-être me semble simplement fait d'angoisses sans causes apparentes. La peur d'avoir peur, de revenir à cet état si redouté, trouve alors à s'exprimer : elle s'auto-amplifie après s'être créée sans raison objective... Elle est aussi imaginaire que réelle.

Je perds l'estime de moi-même, j'ai l'impression que cet état durera toujours, sans espoir de retour à la normale, le sentiment d'être irrémédiablement condamné à stagner dans cette douleur, et j'en éprouve une grande culpabilité.

Comme lors des accès maniaques, mon sommeil est affecté. En dépression légère ou moyenne, les réveils matinaux sont plus tardifs, les nuits plus longues mais souvent de mauvaise qualité, agitées ou entrecoupées d'éveils. En dépression grave, le sommeil devient tellement haché qu'il semble disparaître. Le recours à la médecine est indispensable bien avant ce stade.

L'agréable hypersensorialité des phases hypomaniaques paraît n'avoir jamais existé ; je n'écoute plus de musique à la maison et j'ai du mal à supporter le son de l'autoradio que mon épouse allume systématiquement lorsqu'elle conduit. Bien des bruits ordinaires me deviennent très pénibles : les ventilateurs, les lavabos qui gouttent, les conversations bruyantes, les lieux de foire, et en règle générale les superpositions de bruits d'origines différentes. Il m'est aussi difficile de suivre une conversation téléphonique, je dois déployer beaucoup d'efforts pour maintenir mon attention. Parfois, après vingt ou trente secondes, mon esprit vagabonde déjà loin du sujet de la conversation...

Sur le plan physique, je pourrais décrire une véritable « allure dépressive » : la tête est rentrée dans les épaules, le visage est inexpressif, la tenue vestimentaire – et parfois même l'hygiène corporelle – témoigne d'un laisser-aller inconscient. Je refuse les sorties au restaurant, au cinéma, les visites chez les amis ; je me recroqueville dans un fauteuil, inerte, sans porter d'intérêt aux autres, apathique, triste, silencieux, gémissant parfois. La moindre tâche est remise à plus tard, à demain, à jamais. La vie n'est plus qu'une réalité pénible pour moi, mais je décourage aussi les autres. Les matins sont accablants, je me lève à contrecœur, j'attends avec impatience le soir pour avaler mon somnifère et enfin ne plus être. L'envie de ne plus jamais avoir à se lever, à se réveiller, est l'antichambre d'une pulsion suicidaire. Je suis assailli de manifestations somatiques, d'oppressions respiratoires, de douleurs réelles à la poitrine, cardiaques en apparence, même si le cœur n'y est pour rien.

Il faut bien cependant tenter de suivre le mode de vie des proches qui se lassent de me voir ainsi. J'ai en mémoire ce réveillon (je n'avais pas osé refuser d'y assister) qui fut un véritable supplice ; j'étais « bloqué », momifié. On en vient à souhaiter qu'on nous oublie là où on est : vivez, sortez, amusez-vous, mais surtout oubliez-moi, laissez-moi dans ce néant, dans cette médiocrité. Les nôtres pensent sincèrement nous aider, ils ne font en fait qu'ajouter à la pénibilité de notre lamentable existence passive, terne, sans intérêt.

Henri Laborit s'est aventuré à donner une définition du bonheur, qui serait la succession harmonique du désir, du plaisir et de la béatitude. Le plaisir est la satisfaction du désir, et cet assouvissement ouvre à la béatitude, une situation qui durera jusqu'à la naissance d'un nouveau désir. Une personne qui a peu de désirs parviendra assez facilement à les satisfaire. Au contraire, quelqu'un de passionné rencontrera plus de difficultés à assouvir tous ses désirs et augmentera son risque de frustration. Je pense qu'une partie de la douleur des phases dépressives provient de la mémoire de la richesse des exaltations. On parle de la nostalgie de l'hypomanie... La nostalgie des intervalles libres est déjà suffisamment pénible, surtout quand la dépression s'étend sur de longs mois. Un retour à une légère hypomanie serait idéal, mais je saurais bien me contenter d'un simple intervalle libre.

Alors que faire ? Se battre contre la dépression ou accepter cette médiocrité (certains diraient « s'y vautrer ») ? Se secouer ou laisser faire ? L'image qui me vient à l'esprit est celle des sables mouvants : plus on gesticule, plus vite on s'enfonce. Si l'on ne fait rien, le pire est aussi à craindre, mais la descente est plus lente. Il en est de même avec l'eau. Celui qui tombe sans savoir nager panique et précipite la noyade. Il faut savoir garder son calme. L'apprentissage de la natation n'est rien d'autre qu'un entraînement à dominer sa peur de l'eau ; nous devons apprendre à faire face calmement à la noyade dans la dépression.

Durant la dizaine d'années écoulées depuis l'apparition des premiers symptômes de la maladie, je me suis résolu à appréhender les épisodes dépressifs avec une certaine résignation. Je suis également plus serein lorsque surviennent les états maniaques. Cette acceptation de mes différentes phases ne les fait pas disparaître, mais les rend plus supportables, moins difficiles à assumer. Les premières dépressions n'étaient que ruminations génératrices d'envahissantes et pénibles angoisses...

J'ai appris à cohabiter avec ces dépressions, elles sont devenues un peu des « douleurs amies ». Je fais avec, j'accepte ma médiocrité temporaire car je sais que des jours meilleurs finissent par revenir tôt ou tard. Je les utilise pour mieux comprendre les événements, dédramatiser la situation... mais à charge de revanche, puisque cela ne fait aussi que remuer le couteau dans la plaie.

La frustration qu'induisent mes dépressions s'est amenuisée. Je lutte autant que faire se peut contre la descente, je fais plus de sport, je jongle avec les hypnotiques et les anxiolytiques, j'applique avec plus de rigueur les règles d'hygiène de vie. J'ai surtout appris la patience : le retour à la normale demande souvent beaucoup de temps, le déclic rapide est réservé aux cyclothymiques. Le passage de la phase dépressive à l'intervalle libre est si progressif que j'ai bien du mal à le situer dans le temps... C'est une lente remontée étalée sur de longs mois. Et puis les intervalles « libres » ne le sont pas tant que cela : souvent, il reste des fragilités, des angoisses ; je parle d'état « subdépressif ». Il suffit de « se secouer » un peu, de faire un effort pour que la mécanique de régulation de l'humeur l'emporte, mais vivre n'est plus naturel : c'est un effort permanent.

Mon cycle est grossièrement le suivant : exaltation moyenne à forte de un à quelques mois, dépression de trois mois à un an, intervalle libre de un à trois ans, puis nouveau cycle... L'exaltation est la plupart du temps soignée en milieu hospitalier. Une fois seulement, au début de la maladie, elle a suivi son cours naturel pendant environ six mois. La dépression consécutive fut très dure. Une autre fois, la qualité de l'alliance thérapeutique avec le psychiatre a permis de maintenir le dialogue et d'éviter ainsi l'hospitalisation.

Ces dépressions qui succèdent aux exaltations dépendent beaucoup de la thérapie utilisée pour calmer la manie qui précède. Elles sont d'autant plus fortes si la thérapie a été « énergique », les doses de neuroleptiques trop élevées ou leur utilisation prolongée. Ainsi mon état au sortir d'une hospitalisation est-il très variable : si le psychiatre a eu la main lourde, je passe directement de l'exaltation à la dépression avant même le retour à la maison ; s'il a su avoir la main légère, je reste très actif, très dynamique pendant quelques semaines, et la dépression récurrente peut parfois ne pas survenir.

Au regard des méthodes employées par de nombreux médecins, je me demande combien d'entre eux comprennent que de tels traitements n'offrent que l'illusion d'une guérison à court terme dont le prix sera une dépression longue de plusieurs mois. Pour les malades qui souffrent de manies fortes, groupe auquel j'appartiens, il est particulièrement difficile de traiter la phase dépressive sans faire virer l'humeur vers une nouvelle manie. On peut dire en schématisant que tout traitement trop énergique guérit l'épisode en cours, mais projette le patient dans la phase opposée. D'un autre côté, un

accès maniaque ou une dépression mélancolique non soignée tend à amplifier les épisodes futurs. C'est une question de doigté, il n'en faut ni trop, ni trop peu... Peu de médecins semblent en tenir compte : sur la dizaine qui m'ont pris en charge, deux seulement paraissaient informés, et il n'est pas facile d'inciter des spécialistes à parfaire leurs connaissances dans un domaine qui est le leur !

Une douloureuse pétrification de l'esprit

Pour compléter le tableau brossé par Jean-Alain, j'aimerais donner quelques détails sur cette « pétrification de l'esprit », cette « prison » tant redoutée lorsqu'on est en phase d'excitation.

La dépression survient dans des circonstances variables : spontanément, après un événement pénible, ou encore à la suite d'une période d'excitation. Jean-Alain a connu ces deux facteurs successifs – la manie franche puis le décès de son frère – avant que débute l'épisode dépressif.

Il arrive que l'apparition soit progressive, avec le sentiment de s'enfoncer lentement dans un trou noir, ou au contraire brutale, comme si l'on pouvait donner l'heure exacte du revirement.

Comme pour l'épisode d'excitation maniaque, les symptômes qui annoncent la rechute sont propres à chaque individu ; la fatigue, les troubles du sommeil, la perte de confiance en soi, le manque d'intérêt, le retrait social, le mutisme restent les manifestations les plus fréquemment observées. L'existence perd sa saveur, la moindre occupation est source d'ennui. Le plus souvent, l'activité professionnelle n'en souffre pas trop dans un premier temps : le moteur est coupé, mais la machine continue encore à avancer grâce à son élan.

Lorsque la dépression est enclenchée, une sorte de force d'inertie se met en place et perturbe le bon fonctionnement de la pensée. Dans le cadre d'un trouble bipolaire, le traitement sera d'autant plus difficile à manipuler qu'il risque de faire virer brutalement l'humeur et d'aggraver l'évolution du fait d'une augmentation de la fréquence des cycles.

La dépression du malade bipolaire se présente couramment sous la forme d'un ralentissement de la pensée et d'un émoussement des sentiments, accompagnés de troubles du sommeil (hypersomnie) et de l'appétit (hyperphagie). Ces symptômes ont leur importance, car ils diffèrent de ceux des dépressions unipolaires (sans période d'excitation maniaque) et permettront de prédire le plus grand risque, s'il s'agit d'un premier épisode, d'une bipolarisation. Dans ce cas, on prendra garde de prescrire certains antidépresseurs limitant les dangers de virage maniaque et on pourra s'orienter vers le choix d'un régulateur d'humeur. Il existe néanmoins des dépressions bipolaires qui s'accompagnent d'une perte du sommeil et de l'appétit.

Lorsque survient la phase d'état, le cœur de la dépression, les fonctions intellectuelles subissent des perturbations : l'attention devient fluctuante, la concentration difficile, voire impossible, la compréhension limitée, le raisonnement entravé, la mémoire inopérante : Jean-Alain a le sentiment que son cerveau s'est « éteint ». On est incapable de se concentrer sur un film, un livre, d'autant plus qu'on a perdu tout intérêt pour ce type d'activité. La communication avec l'autre est coupée. On se retranche dans sa coquille, dans cette « prison invisible » que décrit Jean-Alain. Parfois, on se reproche cet état d'indifférence si mal vécu par les proches, cette anesthésie affective douloureuse. À l'inverse, des réactions d'instabilité, d'agressivité, peuvent se produire.

Les idées noires, la profondeur du pessimisme, la pénibilité de toute activité, la mauvaise perception de soi entretenue par un sentiment d'inutilité, de dévalorisation, d'autodépréciation, le degré élevé d'angoisse peuvent à l'extrême conduire le déprimé au suicide.

Comme les manies, les dépressions ne se fondent pas en un modèle unique. D'une intensité modérée, elles n'excluent pas la conservation d'une vie professionnelle. Il arrive au contraire qu'elles soient intenses et à l'origine d'un ralentissement presque complet, voire d'un état de sidération. Certaines formes s'accompagnent d'idées délirantes (incurabilité, ruine, damnation...), d'une perte de contact avec le réel : le malade s'attribue toutes sortes de fautes, la pensée devient confuse.

Chez l'adolescent, la dépression est tout aussi difficile à diagnostiquer que la manie ; les symptômes ne sont pas similaires à ceux de l'adulte. Le désintérêt, l'agressivité les troubles du sommeil peuvent être significatifs. Il faut y être particulièrement sensible, car le risque de passage à l'acte suicidaire est encore plus important.

La dépression chez les personnes âgées est fréquente et favorisée par des conditions existentielles douloureuses : la solitude, le décès des proches, l'altération des fonctions intellectuelles et physiques... Le risque suicidaire est, là encore, majeur.

Les états mixtes

La manie que j'ai décrite est représentative d'un état presque purement extatique, avec cependant quelques accès d'angoisse, surtout vers la fin. Ces derniers ont été très brefs, et se sont vite métamorphosés en phases d'enthousiasme, c'est pourquoi je n'ai pas développé leur description. La mémoire retient mieux la fin d'une scène que sa totalité, et les moments de détresse ne représentent généralement qu'une petite fraction du temps complet de mes manies.

J'entends parfois parler d'« états mixtes » ; on dit que les exaltations pures n'existeraient pas, ou très rarement, et que des états dépressifs y seraient le plus souvent associés. Les exaltations que j'ai connues ont été essentiellement pures, saupoudrées de quelques courtes périodes de panique, mais certaines, environ la moitié, ont été totalement pures. Je dirais que mes premières exaltations, et surtout ma toute dernière, peuvent être qualifiées de « mixtes ».

La description de l'état mixte qui associe manie et dépression me gêne... elle ne correspond pas à l'idée que je m'en fais, pas plus qu'à mon vécu. Il peut y avoir alternance rapide d'excitation et de panique, mais je n'ai jamais connu de simultanéité. Durant l'exaltation, qu'elle soit pure ou associée à des angoisses, la vitesse des processus idéiques s'accélère. L'inverse, un fort ralentissement, se produit pendant la dépression. Je ne pense pas qu'une accélération et un ralentissement de la pensée puissent se superposer ou même se succéder brutalement… ce serait illogique !

Lors de mes exaltations « mixtes », je perçois les situations réelles à travers une amplification fantasmagorique qui me fait passer de la maison de Blanche-Neige au train fantôme à un rythme toujours frénétique. Les événements ordinaires sont transposés dans le domaine du fantastique, les sentiments amplifiés et caricaturaux. Il m'est même arrivé d'avoir la certitude, l'intime conviction, de passer du paradis à l'enfer en seulement quelques minutes. On cherche alors à échapper à ce cauchemar insupportable, on déploie son énergie pour fuir, on conduit vite et dangereusement (rien à voir avec la conduite « sportive », ludique, de la manie)… C'est une panique difficilement contrôlable.

Cette manie presque purement extatique, que j'ai déjà longuement décrite, a duré plusieurs mois et s'est achevée sur ce que je pensais être le départ pour une autre planète. Je me souviens que les regards des infirmiers extraterrestres m'ont d'abord effrayé, puis, petit à petit, après une dizaine de minutes, me sont apparus comme accueillants et agréables. On est ici assez proche de cette image du passage de l'enfer au paradis, de l'horreur à la délectation ; les sensations sont abondantes et contrastées et le cerveau reste hyperactif.

Je crois que l'on peut comparer la manie à une sorte de rêve éveillé, qu'il y a des similitudes entre ces états mentaux. Dans les deux cas, l'inconscient refait surface et construit, à partir d'événements réels ordinaires présents ou passés, des scènes psychédéliques délicates à analyser. On vit alors des sentiments très forts, d'une intensité dépassant ce que la vie réelle nous offre habituellement. Certaines nuits sont pauvres en songes, d'autres, au contraire, très riches. Ces nuits-là sont parfois peuplées de rêves agréables, d'horribles cauchemars, ou voient alterner les deux activités oniriques dans un cocktail épuisant.

Selon moi, la notion d'intensité du ressenti affectif est essentielle : la manie comme la nuit riche en rêve aboutissent à une cavalcade bigarrée de sensations et de sentiments très fortement amplifiés, variés au-delà de l'imaginable et du descriptible. On ne peut vraiment comprendre la situation sans l'avoir soi-même vécue.

La dépression est triste, fade, pauvre en sentiments et en sensations, le fonctionnement idéique est ralenti, la souffrance intérieure intense et silencieuse. Les angoisses sont diffuses, parfois sans objet identifiable, et ne provoquent pas de réaction de fuite ou d'agitation. On ne passe pas de la dépression à l'exaltation en quelques minutes : il faut des semaines.

Soubresauts et fluctuations

Les états mixtes ont été décrits dès le début du XXe siècle par Kraepelin. Il en distinguait plusieurs formes, selon l'humeur proprement dite, le fonctionnement intellectuel et la motricité. Tous les cas de figures étaient présentés : tristesse avec excitation psychique et motrice, euphorie avec ralentissement, tristesse avec excitation psychique et ralentissement moteur...

Aujourd'hui, cette expression particulière de la maladie représente à peu près 20 % des troubles bipolaires et relèvent de mesures thérapeutiques spécifiques, en raison du fort risque suicidaire et de l'effet aggravant des antidépresseurs.

Il est surtout important de souligner la fréquence des fluctuations d'humeur au cours des périodes hypomaniaques et maniaques, sans qu'il soit pour autant question d'état mixte : c'est le « train d'enfer » que décrit Jean-Alain. Il existe, en revanche, en fin de manie, un moment dangereux de transition, de bascule, où le risque suicidaire est particulièrement important. L'excitation motrice persiste, mais l'humeur devient triste : le risque de passage à l'acte suicidaire s'accroît à ce moment précis. Cette fin de manie s'accompagne souvent d'un état de mal-être, de fébrilité, d'angoisse et d'une culpabilisation.

Un diagnostic difficile

Le trouble bipolaire est multiforme, ses symptômes évoluent avec l'âge du malade, sa situation familiale et professionnelle, l'avancée de la maladie, la personnalité sous-jacente... Le diagnostic est plus facile à poser rétrospectivement.

Il est normalement évoqué devant une évolution cyclique de troubles de l'humeur, en présence d'antécédents familiaux et d'éléments cliniques qui doivent venir le confirmer.

On peut suggérer ce diagnostic à l'occasion d'un

épisode aigu qui conduit à l'hôpital un malade qui, jusque-là, subissait sa maladie : tentative de suicide, dépression sévère, excitation, état mixte, confusion, voire état délirant. Mais, même en présence de ces indices pourtant significatifs, le diagnostic n'est généralement pas posé correctement après un épisode unique ; il faudra trop souvent attendre plusieurs accès aigus, l'intervention de quatre ou cinq médecins, et plusieurs années d'évolution avant qu'on puisse réellement le faire et proposer un traitement adapté. D'autres désordres mentaux seront souvent évoqués dans un premier temps : schizophrénie, trouble de la personnalité de type borderline ou psychopathique, hystérie, etc. Les manifestations maniaques et dépressives peuvent être masquées par d'autres troubles, tel l'alcoolisme périodique.

Le malade ou ses proches peuvent, « spontanément » et hors du contexte médical, soupçonner le diagnostic à la suite de la lecture d'un article de presse, d'un test d'auto-évaluation dans un magazine... Mais une question délicate se pose inévitablement : comment accepter soi-même ou comment faire accepter qu'il s'agit bel et bien d'une maladie, et qu'il faut consulter un psychiatre ?

L'affection est parfois détectée lors d'une consultation chez un psychiatre (ou chez un généraliste) pour une dépression, des troubles anxieux ou obsessionnels, voire un diagnostic erroné de schizophrénie. Le questionnement du praticien permettra de retrouver des antécédents familiaux ou personnels de fluctuation de l'humeur.

Cette erreur de diagnostic peut être imputée à une bouffée délirante qui est en fait la première manifestation du trouble bipolaire. Il n'est pas rare d'observer, en particulier chez les jeunes, des épisodes maniaques délirants accompagnés de phénomènes hallucinatoires auditifs. Le diagnostic, comme pour les bouffées délirantes, reposera alors essentiellement sur l'existence de troubles de l'humeur associés : sentiment de créativité et de sociabilité, accentuation de l'énergie, euphorie ou irritabilité, faible besoin de sommeil, débit accéléré de la parole, fuite des idées, distraction, impression de « pouvoir », de « puissance », de « grandeur », dépenses d'argent inconsidérées, hyperactivité sexuelle...

De même, les dépressions peuvent présenter un caractère délirant et faire poser à tort d'autres diagnostics.

Mais il arrive aussi malheureusement que ce soient les complications, les conséquences de la maladie qui permettent d'en faire le diagnostic, à la suite d'une alcoolisation grave ou de poursuites pénales. Même dans ce cas, rien n'est acquis...

L'identification de la maladie conditionnant la mise en place d'un traitement et donc l'amélioration de l'état de santé du malade, il n'est pas rare de voir toutes ces situations se renouveler, empirer, avant que le bon verdict soit prononcé.

Chapitre 3

Vivre sa maladie au quotidien

La gravité potentielle de la maniaco-dépression justifie à elle seule une prise en charge par un psychiatre, un spécialiste des troubles psychiques, capable d'assurer le délicat maniement des médicaments thymorégulateurs. Cela n'empêche pas que le médecin généraliste prenne, lui aussi, une part active au traitement. Et plus encore, que le malade lui-même sache adapter sa maladie à son quotidien... et réciproquement.

Se faire aider

Comment choisir son psychiatre et son psychothérapeute ?

Au cours de mes sept années d'errance, de 1993 à 2000, j'ai été mis entre les mains de huit psychiatres différents : six en hôpital, un en clinique privée et un ambulatoire choisi par mes soins. Parmi eux, seul le Dr P., l'un des médecins hospitaliers, s'est donné la peine de nous informer réellement sur ce trouble. Il fut aussi l'un des rares à ne pas avoir la main lourde sur les neuroleptiques ; de ce fait, l'exaltation qu'il a traitée n'a pas été suivie d'une dépression.

Le métier de psychiatre est à mon sens d'une extrême difficulté ; la complexité de notre cerveau est sans commune mesure avec celle de nos autres organes, et la diversité de nos comportements d'une immense richesse, probablement impossible à appréhender dans son intégralité. On demande à un seul homme d'être un quasi-dieu et les psychiatres rejettent à juste titre ce rôle de magicien que nous exigeons d'eux. Notre désespoir nous fait attendre une recette miracle ; la déception est souvent au rendez-vous.

La médecine s'est toujours attachée à cultiver le secret, à refuser le dialogue, parfois pour cacher une ignorance qu'elle préfère habiller de mots pompeux faussement compliqués – quand ils ne sont pas franchement inadaptés, comme ceux qui décrivent cette maladie. Le débat récent sur la communication des dossiers médicaux est significatif. Les malades seraient-ils trop stupides pour utiliser ces informations à bon escient, à moins que l'on ne préfère préserver le confort du secret ? Qu'il est tentant de maintenir le voile qui protège des regards les actes médicaux ! Le jargon, ce langage inaccessible, protège ici le secret médical comme il protège ailleurs celui de l'instruction...

Le psychiatre de clinique privée, le premier à m'avoir « suivi », m'a gravement recommandé de ne pas même tenter de chercher à comprendre mes propres problèmes, sous prétexte que cela risquait de me faire rechuter. La finesse de son analyse était à la hauteur de celle de ses scrupules, puisqu'il m'a sournoisement traité aux neuroleptiques, allant contre l'avis de mon médecin, le Dr S., qui m'avait envoyé là pour un simple repos. C'était un amoureux des secrets... Il m'y a d'ailleurs fait mettre, au secret, quelques années plus tard, sans raison objective ; j'étais dans un semi-coma, pas violent et pas suicidaire. Il n'a pas informé mon épouse et ne m'a même pas vu ; il « travaillait » seulement par téléphone... L'ambulancier qui m'avait alors transporté en est encore choqué ; c'est un de mes amis. J'espère ne pas recroiser ce médecin indigne qui avait transformé, toujours dans l'illégalité, cette procédure d'« hospitalisation sur demande d'un tiers » en une « hospitalisation d'office » : il est expert auprès des tribunaux !

On rencontre un autre type de psychiatre, non sans rapport avec celui que je viens de décrire, tout aussi critiquable mais qui m'amuse beaucoup : le médecin autoritaire. Voici un échantillon d'un échange récent que j'ai eu avec mon psychiatre de secteur... Je souhaitais ce jour-là le mettre sur le chemin de la communication, rendre moins passives des consultations qu'il ne voulait consacrer qu'au renouvellement du traitement, sans la moindre réflexion sur des dosages manifestement trop élevés. Je voulais de plus prolonger notre entretien mensuel au-delà de ses sept minutes coutumières. Après que j'eus tenté d'évoquer l'éventualité d'une posologie plus finement adaptée, il s'est passé la chose suivante... Il a littéralement nié mon droit légitime à participer au choix du traitement : « Ordonnance vient d'ordre ; je vous donne l'ordre de respecter ma prescription. » Je lui ai répondu ironiquement : « Monsieur, vous avez oublié votre képi... » Lui n'a su que réaffirmer son approche autoritaire de la prescription : « Mais quel plaisir avez-vous à désobéir ? » C'est dommage, car un dosage plus faible augmente le confort et hélas le risque ; il impose une alliance thérapeutique plus étroite. En refusant de modifier le traitement, ce psychiatre refusait l'alliance et niait son rôle fondamental de médecin de proximité.

J'ai parfois eu droit au psychiatre imposé par le système. C'est l'un des grands problèmes en milieu hospitalier, où le droit théorique du malade au choix de son praticien n'est qu'exceptionnellement respecté. Le système de sectorisation fait de ce psychiatre celui que l'on feint de consulter volontairement lors du suivi, parce qu'il sera aussi l'incontournable médecin hospitalier qui traitera la prochaine rechute.

Il y a enfin malheureusement le médecin « très efficace », qui utilise la méthode facile de la « camisole chimique » en prescrivant des dosages de haute sécurité et très handicapants. Il n'est pas besoin d'être un grand spécialiste pour pratiquer cette technique, un malade averti peut s'en sortir sans aide.

L'art de rechercher la dose minimum efficace est extrêmement délicat, cela demande des mois, voire des années de réglages précis. On n'atteint ce fragile équilibre qu'en faisant varier la posologie du « bon » thymorégulateur, celui qui présente le meilleur rapport avantages – inconvénients. Seul un psychiatre habitué à traiter cette maladie peut parvenir à un résultat vraiment satisfaisant. Il serait utopique de confier cette tâche au médecin généraliste, qui est légalement censé assurer le suivi post-hospitalier. La plupart des généralistes reconnaissent d'ailleurs leur embarras, leur incapacité à traiter nos problèmes ; mais devant un patient effrayé par le mot psychiatre, ils n'ont guère le choix. Si, aux États-Unis, l'initiative d'aller consulter un psychiatre paraît normale, cela

reste en France une exception, pour ne pas dire un tabou. De nombreux généralistes hésiteront longtemps avant d'oser orienter leur patient vers cette branche de la médecine, de faire cette démarche perçue comme insultante, sans compter qu'une certaine culture médicale réduit le rôle de la psychiatrie à la seule prescription de psychotropes... Cela dit, on ne m'a jamais proposé de solution autre que pharmaco-chimique ; j'ai dû remuer ciel et terre pendant des années pour enfin trouver, loin de chez moi, à Paris, une approche plus globale, émancipée de cette thérapie limitée que mon simple bon sens savait insuffisante.

Les généralistes se plaignent de la difficulté à trouver un bon psychiatre pour leurs patients, et je les rejoins tout à fait. Mais la réciproque est également vraie.

Le patient doit pouvoir identifier le psychiatre « idéal », qui présente certaines qualités plus ou moins évidentes. Dès le premier entretien, il est possible de se faire une idée de ses compétences par le choix des questions qu'il pose : Quels sont vos antécédents médicaux ? Comment s'est déroulé le premier épisode ? Quels ont été les facteurs déclenchants ? Quelle est la fréquence des épisodes ? Quels traitements avez-vous suivis ?

Par la suite, lors des visites, ce bon psychiatre se montre souriant, affable, détendu et « détendant » ; il a le sens de l'humour, et son comportement « colle » à la personnalité du patient, qui fonctionne sur le mode affectif et a besoin d'empathie. Il connaît bien la maladie, ses évolutions possibles, ne sous-estime pas sa gravité et se tient informé des recherches sur le sujet. Il est disponible et joignable, et peut traiter rapidement un état d'excitation ou de dépression, donner des informations sur le traitement en cas de besoin. En cas de rechute, le fait qu'il travaille en collaboration avec un hôpital ou une clinique permet d'orienter immédiatement le malade.

Certaines de ses qualités ne sont pas propres au traitement des maniaco-dépressifs, mais demeurent importantes : il est ponctuel, intelligent, flexible, capable d'autocritique. Ses honoraires sont accessibles, il peut ajuster leur montant en fonction des revenus et de la couverture sociale de son patient.

Mieux vaut ne pas choisir le psychiatre habituel d'un membre de sa famille ou de son entourage proche, même s'il n'est pas toujours possible de faire autrement. En revanche, celui qui refuse de rencontrer la famille du patient est à fuir absolument. Le psychiatre qui vend son livre à la fin de la consultation ou qui est trop médiatique est également à éviter à tout prix.

Certaines approches thérapeutiques extrêmes doivent être considérées comme rédhibitoires. Prétendre que le malade n'a pas besoin de médicaments et que le trouble peut être soigné uniquement par l'homéopathie ou la psychanalyse relève de l'inconscience : l'expérience clinique et les données scientifiques démontrent qu'on ne peut soigner une maladie bipolaire par une psychothérapie seule, sans traitement médicamenteux. Il est reconnu que la mortalité, le risque suicidaire, les conduites dangereuses, etc. sont principalement contrôlés par ces traitements. À l'inverse, l'approche biologique seule est insuffisante.

Pour trouver le bon psychiatre, le plus simple est de questionner son médecin généraliste, des amis ou le centre médico-psychologique de son secteur. Il est préférable de ne pas se tourner vers celui qui a été interviewé à la télévision, à la radio, dont on a trouvé les coordonnées dans un magazine. Il sera probablement débordé et ne donnera, au mieux, que l'adresse d'un de ses collègues plus disponible. Dans tous les cas, il faut savoir qu'obtenir un rendez-vous n'est jamais chose facile et que les délais peuvent atteindre plusieurs mois.

Psychologue, psychanalyste, ou psychiatre lui-même, le psychothérapeute présente dans l'ensemble les mêmes caractéristiques que le psychiatre idéal. Il n'est pas indispensable qu'il soit au fait des derniers traitements, mais il doit connaître au mieux les caractéristiques du trouble maniaco-dépressif. La configuration idéale voudrait qu'il soit recommandé par le psychiatre, puisqu'il pourra être amené à collaborer avec lui.

Le rôle du médecin de famille

Dans un village de mille cinq cents habitants, le pharmacien et le médecin travaillent main dans la main, s'invitent à dîner, se côtoient en dehors des activités professionnelles. Mon cas a sévèrement bousculé ce bel équilibre...

Les péripéties, sur presque dix ans, provoquées par la maladie maniaco-dépressive du mari de la pharmacienne – moi en l'occurrence – les ont placés dans une situation délicate... La pharmacienne et le médecin ont maladroitement collaboré à des procédures d'hospitalisation sur demande précipitées, d'une neutralité suspecte, et surtout fortement teintées d'arrière-pensées car motivées par le souci de l'impact de mes fantaisies sur la clientèle locale.

Depuis septembre 2000, ce médecin a fait savoir à mes deux filles qu'il refusait d'intervenir, ajoutant qu'il « faudrait désormais prendre rendez-vous, même pour les urgences ». Après tout son refus est respectable ; mon épouse a oublié qu'il ne fallait pas mélanger les genres et faire appel à un médecin trop proche. La corporation médicale locale ne m'évite pas, nous nous côtoyons toujours fraternellement, mais nous n'abordons pas les sujets qui fâchent. Peut-être sera-t-il même possible de se réinviter à dîner...

Quand notre conception française de la psychiatrie sera plus raisonnée, mieux protégée des émotions et des passions, l'initiative de la demande de soins viendra sans doute plus souvent du patient ou du généraliste, et la contrainte passera au second plan. Quand un chien s'éloigne et ignore nos appels, il faut s'en écarter et il reviendra tout seul. Si l'on fait l'inverse et qu'on sanctionne en plus sa désobéissance, il ne reviendra jamais. L'erreur d'éducation devient irréversible. La métaphore canine n'est pas honteuse, tant notre façon de voir la médecine psychiatrique s'en approche. Les diverses procédures d'hospitalisations forcées (sur demande d'un tiers ou d'office) auxquelles nous sommes soumis ne préparent pas la collaboration future ; il faut apprendre à séduire si l'on veut fidéliser. Sublime paradoxe, la déontologie n'autorise pas le médecin à prendre l'initiative de proposer au patient certaines démarches préventives, mais lui permet de le faire

enfermer (ou plus joliment « hospitalisé de force ») sur simple demande de la famille, d'un ami, d'un voisin... Le malade aura, certes, droit à une contre-visite médicale par un psychiatre hospitalier, mais...

Il serait bon que le législateur prenne en compte les spécificités du domaine de la santé mentale. Entre des contrôles à domicile réguliers durant quelques semaines imposés par le médecin, et le même temps passé sous la contrainte dans le mortel ennui d'un hôpital, je n'hésite pas un instant. La Sécurité sociale y trouverait sûrement son compte et l'indispensable rapport de confiance entre le malade et sa famille ou les médecins traitants serait mieux préservé.

D'une façon schématique, le médecin généraliste assure le suivi du traitement médicamenteux. Il surveille l'observance aussi bien que les effets secondaires éventuels, et pourra être amené à prescrire un antidépresseur ou un hypnotique, en collaboration avec le psychiatre. Cette collaboration doit être constante ; dans l'urgence, c'est souvent le généraliste qui intervient en première instance, plus particulièrement dans les zones rurales. Il aura la lourde tâche d'apprécier la dangerosité potentielle du patient et de rédiger, le cas échéant, un certificat d'hospitalisation sous contrainte. La qualité de ses relations antérieures avec le malade n'a alors que peu d'influence car, dans les moments de crise, le maniaque est peu accessible au dialogue et le conflit arrive vite, mais sera généralement de courte durée : une nouvelle entente se produira entre le bipolaire et le médecin.

S'il en a les compétences, le généraliste peut procurer une aide psychologique en proposant au malade des thérapies adaptées, telle la relaxation. Sa bonne connaissance du milieu familial dans lequel évolue son patient lui confère un rôle essentiel auprès des proches : il sait conseiller le conjoint qui a besoin d'un soutien, parler aux enfants pour leur expliquer la situation, etc.

Les questions soulevées par Jean-Alain dépassent le cadre de la fonction du médecin généraliste, qui se verra de plus en plus souvent confronté à la prise en charge de patients bipolaires, les psychiatres venant actuellement à manquer. Si la prescription de médicaments et la surveillance clinique et biologique ne devraient pas poser de problème, le suivi psychologique indispensable demandera une formation spécialisée, une plus grande disponibilité, sans parler d'une rémunération en conséquence.

Le dossier médical

Le dossier médical répertorie les traitements prescrits antérieurement, les allergies, les contre-indications... Les documents tels que radiographies, électrocardiogrammes, résultats d'examens biologiques servent de référence au médecin traitant qui, par ailleurs, dispose d'éléments supplémentaires.

On aurait fallacieusement tendance à croire que l'intérêt du dossier est moins important dans le cas des maladies psychiques. C'est en réalité un outil qui donne au médecin la possibilité de bien appréhender les caractéristiques de la pathologie, le traitement de son nouveau patient. Un psychiatre amené à faire un bilan, à reconstituer l'histoire personnelle, l'histoire de la maladie et des traitements de celui qui vient le consulter pour la première fois, s'appuiera autant sur des questions précises que sur les informations consignées dans le dossier.

La gestion d'un dossier – du simple classement des ordonnances au suivi de l'évolution de la maladie – comporte toutefois des pièges ; elle peut paradoxalement devenir un facteur de chronicisation de la maladie. Certains patients qui présentent des tendances obsessionnelles passent souvent des heures entières à collecter des informations, à noter heure par heure les effets des médicaments. Ils apportent avec eux lors de la consultation un carnet, quand ce n'est pas un cahier, couvert d'annotations. L'information, qui se perd dans des points de détail, n'est plus utilisable. Il est prudent de poser la question au psychiatre : « J'ai un carnet de santé, que dois-je mentionner ? »

L'époque où chaque médecin traitant possédait un dossier complet est révolue, et même si l'on a affaire à ce médecin « introuvable » il ne faut pas se reposer entièrement sur lui. Aucun dossier n'est jamais vraiment complet : même si, théoriquement, les laboratoires d'analyses doivent faire parvenir les résultats d'examen simultanément au patient et au médecin, beaucoup ne les envoient qu'à l'un ou à l'autre.

L'entourage a, là encore, une aide à apporter, mais il est essentiel que le dossier reste personnel, qu'il ne soit pas mélangé à celui d'un autre membre de la famille. Il comporte de plus des informations confidentielles qu'il convient de protéger des regards indiscrets.

Le patient n'est pas – ou ne doit pas être – seul face à ses troubles ; il n'est pas condamné à naviguer en solitaire de Charybde en Scylla. Le système de santé, sans être exempt de défauts, prévoit de lui procurer des moyens d'assistance. La famille, les proches ne sont pas toujours les meilleurs interlocuteurs et ne peuvent en aucun cas être les seuls ; des professionnels sont là pour pallier leurs défaillances et apporter un regard « objectif » sur une maladie qu'ils connaissent. Faute d'information, et parce que la perfection n'est pas de ce monde – ni du côté des malades et de leur entourage, ni du côté des médecins –, tout le monde n'a pas le droit à ce tableau idéal.

VIVRE DANS LA SOCIÉTÉ

La vie professionnelle

Lorsque l'on se sait victime de troubles de l'humeur, on est contraint d'adapter sa vie professionnelle aux contraintes imposées par la maladie. Il est même parfois nécessaire d'abandonner ou de ralentir certaines activités professionnelles, ou de savoir, par exemple, renoncer à un poste à responsabilités exposant à des risques de surmenage.

Faire le choix de la sécurité au détriment de sa carrière professionnelle est une démarche très difficile. J'aimais mon métier d'enseignant et je n'aurais demandé qu'à pouvoir continuer à l'exercer s'il n'avait pas aussi profondément changé. Je travaillais en lycée d'enseignement professionnel, un milieu devenu très dur, intenable même, depuis une quinzaine d'années. Pour ne pas abandonner cette activité pourtant pénible, je suis allé jusqu'au bout de mes forces, j'ai outrepassé les avis médicaux ; les rechutes ont été impitoyables.

Les causes de la maladie maniaco-dépressive sont diverses et mon métier arrivait en tête de ces facteurs déclenchants. J'ai bien vite pris conscience qu'il me fallait faire un choix douloureux pour limiter les risques. Bien que partiellement facilitée par la proximité de la retraite, la décision d'amputer ma carrière de presque dix ans m'a coûté plusieurs années d'hésitation. J'imagine qu'il doit être à peu près impossible pour quelqu'un de plus jeune, même dans ma situation, d'en accepter ne serait-ce que l'éventualité.

Le monde moderne nous contraint à tisser l'essentiel de nos rapports humains autour de notre vie professionnelle. Notre métier est littéralement notre statut social ; le perdre est un acte de désocialisation, une sorte de bannissement. La société de la compétition, de la course au profit, nous rejette : nous ne savons plus être rentables. Les conséquences financières de la perte d'emploi sont la première tare que le matérialisme réducteur propre à notre époque pointera du doigt. J'ai eu la chance rare, le privilège, de ne pas avoir dû vraiment tenir compte des aspects pécuniaires. De cette situation, je n'ai eu donc à subir « que » les difficultés psychologiques ; elles sont déjà presque insurmontables. Il faut apprendre à accepter de n'être plus rien. Notre estime de nous-mêmes, notre amour-propre, s'en ressentent et ne sont plus capables de nous soutenir quand surviennent les phases dépressives.

Abandonner une profession revient à choisir le

moindre mal. C'est une décision que l'on doit prendre seul, personne ne peut le faire à notre place, même avec la meilleure volonté du monde.

Pour revenir à mon métier, son évolution – des souvenirs de jeunesse que l'on en garde à ce qu'il est devenu en quinze ans – était aussi imprévisible que ma maniaco-dépression tardive... Je déplore néanmoins que les psychiatres n'aient pas su m'aider à temps, me mettre sur la piste d'un lien entre mes rechutes et ma profession. Je me serais décidé à abandonner plus tôt, il y aurait eu moins de dégâts.

Certains ont tant psalmodié le mot « en-do-gène », quand ce n'était pas « gé-né-tique » qu'il m'est venu trop tard le courage de douter seul de cette approche réductrice : j'étais la cause unique, il n'y en avait pas d'autre à rechercher. De surcroît, ma famille voyait d'un très mauvais œil ma volonté de quitter cette honorable profession ; c'était une originalité supplémentaire. J'aurais dû être plus tenace, ce qui n'est pas peu dire, refuser de reprendre cette activité après huit ans de disponibilité. En 1985, quand j'avais décidé de cette pause dans ma carrière, je n'en pouvais déjà plus. L'Administration m'imposait un retour en 1993, et cette angoisse obsessionnelle me minait.

Les conseils que l'on donne généralement ne sont pas faciles à appliquer dans le contexte professionnel. Tout le monde ne peut pas éviter les à-coups de travail et les stress, ponctuer sa journée de pauses, réserver du temps à d'autres activités, préserver son temps de sommeil, de loisir. À défaut de trouver cet emploi idéal, et sans forcément renoncer à son métier ou à ses études et sombrer dans l'inactivité, on peut toujours essayer de préserver un équilibre en respectant les signaux d'alerte (fatigue, insomnie, irritabilité). Quelqu'un qui ne ressent plus la fatigue fonctionne sur ses réserves ; les risques de dépression, d'épuisement ou d'excitation, de surmenage s'en trouvent encore accrus.

Il reste cependant parfois préférable, comme l'a fait Jean-Alain, de cesser, temporairement ou définitivement, son activité professionnelle si les conditions sont trop en contradiction avec la maladie. L'hôtesse de l'air ou l'enseignant d'un établissement difficile, par exemple, s'exposeront directement à des facteurs déclenchant des troubles : le décalage horaire et le stress.

Le bon sens voudrait que le psychiatre collabore étroitement avec le médecin du travail, mais la réalité est tout autre ; les contacts restent exceptionnels et les reclassements professionnels rarissimes. Les entreprises conservent manifestement leurs œillères et n'admettent pas l'influence des facteurs déclenchants ou précipitants.

Le cas des étudiants maniaco-dépressifs s'avère particulièrement délicat : demander à quelqu'un de s'orienter d'office vers des études courtes alors qu'il ne le souhaite pas, de conditionner sa vie à sa maladie, peut être en soi une cause de dépression ! Chez les jeunes, les situations de surmenage, les concours sont souvent à l'origine d'un état d'excitation. Mais comment admettre un tel handicap, renoncer à une future carrière professionnelle ? Réciproquement, un épisode d'excitation peut influencer des décisions trop optimistes : l'étudiant s'inscrit à plusieurs facultés, à plusieurs examens simultanément et se trouve submergé par un stress qui entretient les troubles. Le plus important est de ne pas abandonner, d'être capable d'anticiper en évaluant le plus objectivement possible les différents paramètres, ou, si la maladie a été détectée précocement, de se faire aider, de poursuivre ses études sous surveillance psychothérapique.

La vie sentimentale et sexuelle

La désorganisation de la vie familiale, les affrontements, les réactions d'indifférence, les fugues sont des sources de souffrance pour le conjoint, les parents, les enfants, mais aussi le maniaco-dépressif lui-même. On attend et on redoute les épisodes maniaques et dépressifs. En général, le conjoint supporte la dépression mieux que l'excitation : la vie de couple subit des oscillations parallèles à celles de l'évolution maniaco-dépressive.

Le maniaque impose ses règles, il refuse toute contrainte, se sent libre et agit en conséquence. Lors de sa seconde crise maniaque, Jean-Alain a fui son domicile parce que sa famille refusait d'adopter son nouveau rythme de vie, et que « l'ancien », celui de tous les jours, lui apparaissait morne et contraignant. Le conjoint ne peut que subir, n'osant réagir de peur d'aggraver le conflit.

La phase dépressive est un complet abandon, l'autre se retrouve seul à bord. Il est obligé de reprendre la barre et de tout contrôler.

La biographie d'un maniaco-dépressif est constellée

de séparations, de divorces, et se conclut souvent par une situation d'isolement et de grande solitude. Ces situations constituent un facteur de rechute, de même que le niveau élevé d'émotions négatives (critiques, hostilité) qui règne au sein de la famille.

La manie a une incidence spectaculaire sur la dimension sentimentale ou romantique de la vie affective, associée à une augmentation du désir, donc de la sexualité. Est-ce la manie qui rend amoureux, ou le fait d'être amoureux qui pousse vers la manie ? Je ne peux répondre à cette question... Les causes et les conséquences sont intimement mêlées : c'est une nouvelle boucle sans début ni fin, hors de toute chronologie, où la manie entraîne l'amour et l'amour entraîne la manie.

L'incident de 1989 se serait déroulé tout autrement sans la présence de mon épouse. Si les menaces n'avaient pas porté sur elle, je sais que j'aurais réagi différemment ; la charge émotionnelle aurait été moins intense. Nos petits affrontements sur la conduite à tenir n'ont pas simplifié les choses, le conflit entre nous est vite devenu au moins aussi stressant que la situation elle-même.

En 1993, l'année de ma première manie forte, j'avais organisé pour ma fille cadette ce voyage en forêt amazonienne qui était aussi l'un de mes vieux fantasmes. Nous avons formé sur place un petit groupe de six personnes et trouvé un guide amérindien. L'une des participantes, une jeune femme hollandaise qui avait « baroudé » aux quatre coins du monde, m'a fortement impressionné. Son métier d'ingénieur en commerce international l'avait amenée des palaces exotiques à une quête plus humaniste... Nous avions en commun cette même démarche philosophique ; il nous fallait connaître l'homme dans toutes ses dimensions culturelles pour mieux ôter notre propre masque, nous découvrir en découvrant les autres. Cette femme avait beaucoup de charme, elle était jolie et de dix ans plus jeune que moi, aussi rayonnante en tailleur Chanel qu'en rangers.

Il y avait un peu de compétition entre nous deux : elle parlait des Touaregs et de l'Indonésie, moi de l'océan, des Polynésiens et de l'Afrique noire. Nous dissertions sans cesse pendant nos longues marches à travers la forêt, perdus dans nos rêves et nos souvenirs ; le sac à dos devenait léger et on en oubliait même le présent, la végétation et les Indiens qui nous accueillaient. À trente-cinq ans, elle était toujours célibataire. Sa perception des hommes était symétrique de celle que j'avais des femmes ; un clin d'œil échangé pour avouer n'avoir jamais trouvé notre « pointure ». Nous n'étions ni l'un ni l'autre porté sur le pantouflage, le jeu stupide de l'appropriation de l'autre, l'addition d'un plus un qui aboutit à zéro... Nous avions au contraire la tête remplie de projets à construire, à ajouter au cortège de nos rêves déjà réalisés. Il n'y eut rien de plus, pas même l'ébauche d'un flirt ; il y avait autre chose, un non-dit silencieusement exprimé.

Le jour de son départ, nous l'avons conduite à l'aéroport. Au moment des adieux, elle a pris l'initiative de m'embrasser, puis s'est adressée à ma fille, avec qui elle avait fraternisé : « Il a beaucoup de charme, ton papa. » Elle s'est tournée vers moi : « Tu n'as pas perdu mes coordonnées ? »

Une semaine plus tard, je me battais sans succès pour avancer mon retour. Je me sentais bizarre, j'avais des pulsions de grandeur mêlée d'angoisse, mon sommeil s'était raccourci à quatre heures par nuit au lieu des huit ou neuf habituelles et je m'éveillais en trop bonne forme. J'étais donc tout à fait conscient que quelque chose d'inquiétant se préparait. Après que l'avion de ma fille, par lequel je voulais rentrer, eut disparu dans le ciel, je me suis retourné : j'étais seul dans un aéroport vide. Ai-je dormi debout ou perdu la mémoire ? Je me suis probablement perdu dans la profondeur de mes rêveries. Ce départ me rappelait trop les adieux précédents.

Après bien des hésitations, j'ai appelé ce numéro en Hollande ; la conversation a été encore plus prometteuse que je l'imaginais. Les jours suivants, d'autres échanges téléphoniques ont alimenté mes espoirs, puis plus rien. Sans raison apparente, je ne pus jamais reprendre contact avec elle. J'ai plané encore une semaine plein d'images romantiques. Chaque fois que j'atterrissais, je remettais les gaz et planais à nouveau... j'ai fini par m'écraser dans une cage hospitalière minable.

Le retour en France a inauguré six mois d'hypomanie, de péripéties diverses ponctuées d'un grand nombre de conflits conjugaux. J'ai fini par quitter de plus en plus souvent la maison pour y échapper.

Un autre rêve sentimental a pimenté le scénario de ma deuxième manie forte, en 1996. Les quatre exaltations qui ont suivi ont toutes été marquées par des tensions de couple très fortes, à la fois causes et conséquences de l'amplification du phénomène

En 1999, j'ai commencé à mieux comprendre l'enjeu de la relation entre manie et affectif. En pleine exaltation, fuyant une épouse qui me faisait l'effet d'un amplificateur résonnant, j'ai voulu me réfugier chez l'une de mes filles qui vivait à Paris. Comme elle n'était pas à son domicile, je suis allé gratter à une autre porte, celle de cette ancienne relation féminine dont j'ai déjà parlé, réveillant ainsi une vieille histoire endormie. J'ai envisagé de mettre un point final à mon mariage, de reconstruire ma vie affective, mais ce fut un échec. La femme qui m'accueillait était du genre Carmen ; avec deux tempéraments aussi vifs, l'explosion a eu lieu au bout de quelques jours. Ainsi s'achevèrent vingt ans de relations épisodiques, d'une double vie secrète. Mon épouse l'a appris et a souhaité divorcer... Était-ce le fait de devenir célibataire après avoir été bigame ? Ce fut en tout cas ma première exaltation maîtrisée sans hospitalisation, sans consultations autres que téléphoniques.

Aujourd'hui, dès les premiers signes de l'exaltation, notre couple se donne du champ, gentiment, par une séparation partielle et provisoire. Si nous avions appliqué cette règle lors des deux premiers accès, il est hautement probable que j'en serais sorti victorieux. Les miens avaient trouvé plus simple de me faire hospitaliser sous contrainte...

Ces précautions ont provisoirement sauvé notre couple, mais la facture est chargée. Ces événements nous ont fait prendre conscience de nos difficultés relationnelles réelles et profondes.

Les troubles de l'humeur n'ont pas de vecteurs physiques de propagation, mais ils sont si contagieux qu'on pourrait le croire. Comme le souligne Henri Laborit, découvreur du premier neuroleptique : « Nous n'existons pas, nous ne sommes que le carrefour des autres. »

Pendant ces périodes, le malade ressent une soif de liberté, il ne supporte plus les contraintes et est enclin à la fugue. Le conjoint doit en être informé pour surmonter au mieux de telles difficultés. La personne en phase d'exaltation peut tomber amoureux d'une de ses collaboratrices ou de son infirmière. Son contact facile, sa drôlerie, sa vivacité d'esprit lui donnent un charme fou et l'aident à concrétiser ses coups de cœur.

La dépression peut au contraire donner l'impression que le malade est indifférent, parfois agressif. Le conjoint ne se sent plus aimé, même si, malgré tout, la situation affective est moins extrême que pendant les accès maniaques : c'est parfois aussi le seul moment où le maniaco-dépressif laisse une place à l'autre.

Lors des phases dépressives, nous n'avons guère de problèmes d'affectivité. Il semblerait même au contraire que la mienne évolue dans le sens inverse de mon humeur. Mon épouse apprécie même cette forme de romantisme du désespoir. N'ayant presque plus d'envies dans ma vie personnelle, je suis plus attentionné, plus disponible, plus actif dans ma vie sentimentale. Il arrive souvent que, pendant de longs mois, le seul moment agréable de la journée soit le cérémonial du café après le déjeuner, pris dans la véranda, en profitant des pâles rayons du soleil d'hiver, à contempler la nature. Ce moment tant attendu n'aurait aucune saveur en solitaire. Mon épouse y prend un réel plaisir, et tout élément perturbateur, visite ou coup de téléphone, est malvenu.

Sans aucune hésitation, ma femme préfère mes dispositions affectives lors des phases dépressives à celles

des intervalles libres ; elle supporte encore moins bien les exaltations. Lorsque mon état est normal, je cours inlassablement après la satisfaction d'une multitude de désirs personnels. Je suis plus dynamique et moins attentionné, j'oublie de lui consacrer le temps nécessaire, de jouer les partenaires romantiques.

Il semble que chez moi le regain de tendresse soit un moyen de compenser la tristesse dépressive. Pendant la dépression, les seuls problèmes conjugaux sont dus à mes réticences à sortir ou à recevoir des amis. Elle ne tolère pas cette apathie et devient parfois irritable. Cette tendance s'atténue aujourd'hui ; elle comprend mieux les caractéristiques et les manifestations de ma maladie.

Ces hauts et ces bas affectifs aboutissent inévitablement à un dysfonctionnement de la vie familiale. Le conjoint vit en état d'alerte, dans la crainte d'un nouvel épisode. Il subit les excès de toutes sortes pendant la phase d'excitation : départs, dépenses, désinhibition sexuelle qui peut aller jusqu'à un véritable harcèlement. Les pulsions se libèrent, et les fantasmes habituellement contrôlés s'expriment soudain. Le maniaco-dépressif se met en danger, il peut multiplier les relations extraconjugales, ne pas utiliser de protection – « L'important est de vivre l'instant présent ». Il est incapable d'anticiper ou d'évaluer les risques : lors de la phase maniaque, la sexualité ne se limite pas à une désinhibition et une recherche de satisfaction personnelle. Le maniaque ressent un véritable besoin d'indépendance, qui le conduira à des excès de toutes sortes, tel ce père de famille qui sortit un soir faire la fête avec des « filles » dans des bars spécialisés… Il se fit sévèrement tirer les oreilles le mois suivant, trahi par son relevé bancaire : il avait dépensé un mois de salaire en quelques heures, et s'était fait voler son vélo, négligemment abandonné devant un bar ! Bien entendu, ce type de passage à l'acte brutal peut conduire à des séparations.

Inversement, pendant les périodes dépressives, le désir s'éteint. Le dépressif manifeste un désintérêt pour la sexualité, que le conjoint peut vivre mal, attribuant cette perte du désir à un changement de l'état amoureux.

Entre les crises, en période dite intercritique, les thérapeutiques sont parfois à l'origine de troubles de la sexualité comparables à ceux de la phase dépressive : désir et plaisir sont abrasés. L'ajustement du traitement, le changement de molécule, et le recours à la petite pilule bleue (pour l'homme) permettront de mettre fin à un dysfonctionnement qui a un profond impact sur le psychisme.

Le psychiatre n'est pas un conseiller conjugal, mais il pourra apporter un soutien et éviter une prise de décision radicale et trop rapide – un divorce, une séparation – en cours de période dépressive ou maniaque. Cela est valable dans tous les aspects de la vie : aucune décision importante ne doit être prise au cours d'une phase dépressive ou maniaque, l'entourage doit le comprendre et l'admettre.

Causes ou conséquences, les dysfonctionnements du couple, les divorces et les séparations à répétition émaillent fréquemment la biographie d'une personne bipolaire. L'antériorité de l'une ou de l'autre s'avère souvent délicate à préciser, et un cercle vicieux se met rapidement en place, les conséquences devenant les causes. À l'inverse, une situation affective stable semble constituer une « protection » contre les rechutes. Le mariage aurait même cette vertu chez l'homme, beaucoup plus que chez la femme, dont la stabilité thymique dépend surtout de la qualité de la relation, de son investissement.

La vie sociale

Les amis

Les relations sociales contribuent à établir un équilibre et à rompre une situation d'isolement. Il est parfois difficile de conserver des amis, qui ne parviendront pas à admettre les fluctuations d'humeur ou les excès de comportement, et les assimileront à de l'égoïsme, de l'autoritarisme, de l'exubérance, du théâtralisme... Les amis peuvent prendre une place essentielle dans la prise en charge, sans pour autant se substituer au personnel soignant ; encore faut-il qu'ils soient informés de la nature du trouble. Dans ce cas, l'aide affective, la réassurance, le soutien, la compréhension auront sans aucun doute des effets positifs sur la personne bipolaire. Mieux encore, la connaissance des situations à risque permettra d'enrayer un processus pathologique, voire de le prévenir.

Il n'y a pas pour autant de recette prédéfinie... Le plus souvent, l'entourage navigue à vue et s'adapte en permanence : si le malade est célibataire ou éloigné de sa famille, il est utile que les proches aient les coordonnées de son médecin. Il n'est pas rare qu'un ami d'un patient prenne contact avec nous pour nous signaler une crise, obtenir des conseils sur la manière de procéder, etc.

On nous pose fréquemment la question : « Comment l'amener à se faire soigner ? » La réponse n'est pas simple, surtout lorsqu'il y a méconnaissance ou déni du trouble, ou que la personne est en phase d'excitation et le dialogue devenu très difficile. L'intervention d'un médecin d'urgence reste alors le plus souvent la seule solution, à moins que le malade n'accepte de se rendre dans une structure spécialisée.

Les loisirs

Choisir des loisirs adaptés permet également de maintenir l'équilibre. Il est, par exemple, déconseillé de voir des films violents, des thrillers, des films d'épouvante, qui constitueront des facteurs de stress. Il en va de même des choix littéraires ou musicaux, qui peuvent générer angoisse, malaise ou inconfort.

Il faut aussi prendre en compte le degré de stress impondérable qui accompagne certains loisirs pourtant eux-mêmes non stressants : les files d'attente pour les musées ou les cinémas, l'ambiance d'un entracte au théâtre, l'éloignement d'un monument historique ou d'une salle de spectacle, etc.

Le sport

Tout comme les loisirs, les activités sportives doivent être compatibles avec des troubles de l'humeur.

Une personne bipolaire a une tendance à l'excès, sauf au cours des phases dépressives, où elle abandonne toutes ses activités. Sans que l'on puisse réellement contre-indiquer un sport en particulier, il importe de prendre en considération les effets indésirables que peut provoquer un traitement médicamenteux. Certains médicaments peuvent provoquer des baisses de tension, une accélération du rythme cardiaque ou bien le contraire. En cas d'effort intense, ces effets secondaires pourront être majorés. Il est en tout cas essentiel de savoir que la majorité des médicaments utilisés en psychiatrie provoquent fréquemment une somnolence et diminuent les réflexes. N'oublions pas que le patient en phase d'excitation recherche des sensations fortes et n'hésite pas à prendre des risques ; les accidents et les traumatismes ne sont pas rares dans ces moments-là.

La plupart des textes de recommandations relatives aux troubles bipolaires, destinés aux médecins et aux patients, préconisent de suivre à la lettre une liste de conseils qui se révèlent peu conciliables avec les réalités de la vie quotidienne et moins encore avec le mode de vie particulier du bipolaire. Ces conseils devraient être ajustés en fonction de chaque individu, de sa personnalité, de sa vie professionnelle et familiale, de la situation du moment, etc. Les « y a qu'à » et « y a qu'à pas », péremptoires et parfois inadaptés, risquent de provoquer une rupture de l'alliance thérapeutique. La façon de les formuler, leur choix doit tenir compte de facteurs situés en amont qui peuvent déterminer des comportements. Si l'on s'entend dire : « Y a qu'à plus boire, ça ira mieux », le dialogue a toutes les chances d'être rompu. Le patient se sent infantilisé et confronté à des réflexions primaires assimilables à celles qu'on lui assène si souvent : « Un peu de volonté et ça ira mieux ! Tu n'as aucune raison d'être déprimé, secoue-toi ! Pense à ceux qui ont faim ! »

Encore une fois, la difficulté réside dans la complexité d'un trouble où coexistent multidéterminisme et personnalité excessive, où il ne suffit pas d'informer pour arrêter un processus pathologique qui existe depuis des années, voire des dizaines d'années. Néanmoins, la prise de conscience de ces facteurs de risque associée à un suivi psychologique et médicamenteux et à l'application, dans la mesure du possible, de ces conseils, permet d'améliorer grandement les résultats thérapeutiques.

Chapitre 4

Les traitements médicamenteux et psychologiques

Plusieurs médicaments ont permis, depuis la seconde moitié du XXe siècle, d'améliorer considérablement le pronostic d'évolution de la maladie bipolaire. Traitements de fond ou soutiens occasionnels, ils ne constituent néanmoins qu'un des aspects de la prise en charge, qui doit être accompagnée, complétée, par un suivi psychologique et le respect de certaines règles d'hygiène de vie.

On ne donnera ici qu'un panorama des différentes catégories de médicaments disponibles, de nombreux ouvrages destinés au grand public (dictionnaire *Vidal* grand public, *Guide des médicaments « psy »* [1]) décrivant déjà avec précision et exhaustivité leurs caractéristiques,

1. Voir bibliographie.

leurs règles d'utilisation, leurs effets indésirables, les précautions à prendre, etc.

Thymorégulateurs et antidépresseurs

Les thymorégulateurs

On appelle *thymorégulateurs* les médicaments destinés à réguler l'humeur et à éviter la survenue d'épisodes maniaques et dépressifs.

Les *sels de lithium* sont encore, et depuis fort longtemps, les chefs de file de cette famille de produits ; on leur connaît depuis 1949 (même si leur commercialisation en France ne date que des années 1970) des effets antimaniaques. Ils possèdent en outre des propriétés qui les distinguent de tous les autres médicaments du psychisme.

En premier lieu, le lithium n'est pas un produit de synthèse, mais un métal naturellement présent dans certains minerais, dont la structure est aussi simple que celle du sodium ou du potassium (un noyau autour duquel gravitent trois électrons). Il présente l'avantage de ne pas se dégrader dans l'organisme et possède une double capacité d'action, curative et préventive : non seulement les sels de lithium permettent de traiter les états d'excitation, mais ils protègent aussi contre les rechutes maniaques et dépressives. Les études les plus récentes vont dans ce sens, et leur attribuent un rôle majeur dans la prévention du suicide et donc dans l'abaissement de la mortalité chez les maniaco-dépressifs (qui est aussi liée à des conduites dangereuses et à des troubles cardiovasculaires).

Sans véritablement la remettre en cause, on revoit aujourd'hui son efficacité légèrement à la baisse en raison des résultats actuels, qui révèlent l'influence négative des antidépresseurs sur l'évolution de la maladie, un élargissement du spectre des troubles maniaco-dépressifs, et mettent surtout en avant la mauvaise observance des traitements. Il est vrai, comme le rappelle Jean-Alain, que les effets de la prise comme de l'arrêt du lithium se produisent à moyen terme, et paraissent souvent d'abord imperceptibles... jusqu'à la prochaine rechute si le traitement n'est pas respecté.

La lithiothérapie reste néanmoins une thérapeutique très utile, qui a révolutionné le pronostic de la maladie, s'avère bien tolérée dans l'ensemble et particulièrement confortable pour les malades, dans la mesure toutefois où l'utilisateur comme le prescripteur ont une bonne connaissance du produit.

Le lithium peut encore aujourd'hui se voir décerner le titre de « *gold medication* » malgré une toxicité rénale qui ne concerne d'ailleurs qu'un pourcentage extrêmement faible des personnes soumises à ce traitement ou exposées à un surdosage. De récentes expériences montrent qu'il pourrait exercer un effet neuroprotecteur contre la maladie d'Alzheimer, mais cela reste à prouver chez l'homme. Le lithium exerce en outre un effet psychologique particulier, celui d'une « mise à distance ». Cette propriété, souvent mal vécue par les créatifs, pourrait protéger certains sujets trop réactifs de l'impact des événements stressants. C'est ce que nous dépeint Jean-Alain :

Pour décrire ce que je ressens lorsque je prends mon lithium, j'emploierais le mot « zen ». Je suis calme, à distance des stress, le produit agit comme un « pneu » qui protège des agressions extérieures. Ce bien-être, cette sérénité, se manifestent dans bien des aspects de ma vie quotidienne. Si par exemple je suis en voiture et qu'un agressif me klaxonne ou m'accable d'injures, je ne réponds pas, je l'ignore, sa hargne ne m'atteint pas.

Le presque unique effet secondaire que j'ai pu constater est lié à cette « distance », il se manifeste par une transformation de ma sexualité. Cette métamorphose n'a rien de commun avec la désastreuse annihilation de la libido provoquée par de nombreux antidépresseurs, et plus encore par les neuroleptiques d'ancienne génération, que j'ai hélas connu. On pourrait comparer la sexualité à un « stress », à l'analyse par le cerveau de stimuli extérieurs : le lithium me met à distance de la sexualité comme il me met à distance des stress. Il me permet de l'appréhender de façon plus sereine, moins précipitée. Les performances ne sont pas affectées, même s'il me faut souvent plus de temps pour atteindre un orgasme qui sera bien plus long et légèrement moins intense. Je dirais que j'acquiers une sexualité plus « féminine », moins violente, apaisée, et qui satisfait autant ma partenaire que moi.

Thymorégulateur de synthèse commercialisé en France en 2001, le *divalproate* est surtout utilisé en psychiatrie comme traitement de la phase d'excitation maniaque, en particulier si elle s'accompagne d'éléments dépressifs (états mixtes), ou en présence de cycles rapides (plusieurs épisodes dans l'année). Il peut se substituer au lithium en cas de contre-indication ou d'intolérance, ou lui être associé en cas de résistance.

Le *valpromide*, proche du précédent mais plus ancien, intervient aujourd'hui dans le traitement des troubles du caractère chez l'épileptique. On le prescrit également, comme traitement de deuxième intention, en association avec les sels de lithium pour les formes « résistantes » des troubles bipolaires, ou seul, pour les formes « atténuées », proches de la cyclothymie.

Enfin la *carbamazépine*, synthétisée en 1961, a été successivement étudiée, et utilisée dans des affections aussi différentes – mais aussi brutales et récidivantes – que l'épilepsie, diverses névralgies, et plus récemment les maladies maniaco-dépressives. Cette molécule, de la classe des anticonvulsivants, traite les accès maniaques aigus et prévient la récidive.

D'autres thymorégulateurs, qui appartiennent aussi à la catégorie des anticonvulsivants, sont à l'étude aujourd'hui. Quant aux nouveaux antipsychotiques (médicaments destinés à traiter les psychoses), mieux tolérés sur le plan neurologique que les neuroleptiques classiques, on les retrouve dans le traitement des phases les plus graves de la maladie. Ils présentent en outre l'avantage de ne pas être dépressogènes.

Les antidépresseurs

Il en existe plus de vingt-cinq dans le commerce en France. Les deux antidépresseurs les plus utilisés (fluoxétine et paroxétine) appartiennent à la classe des *IRS*, des *inhibiteurs de recapture de la sérotonine*, qui permettent une mise à distance des affects et donc une diminution momentanée des troubles émotionnels. Ils sont moins toxiques que les produits d'ancienne génération, plus maniables et, dans le cadre du trouble bipolaire, le risque de virage de l'humeur paraît diminué. Cette dernière impression reste toutefois à vérifier... Dans la majeure partie des cas, ce traitement est prescrit de manière ponctuelle, et plus encore dans celui des troubles bipolaires de type I, où il est classique d'interrompre le traitement dès la disparition des symptômes.

Médicaments et observance

La mauvaise observance du traitement reste l'un des problèmes graves et récurrents auxquels nous sommes confrontés, médecins comme patients. Il n'est pas l'apanage des personnes qui souffrent de troubles psychiques et concerne toutes les pathologies. Néanmoins, dans le domaine précis de la psychiatrie, l'interruption peut engendrer des conséquences dramatiques, qui vont de la résurgence d'un état d'exaltation au suicide.

K.R. Jamison elle-même reconnaissait qu'il lui fut douloureux, malgré sa connaissance de la maladie, d'admettre devoir la vie à des pilules : « Mon manque de jugement sur la nécessité de prendre du lithium devait me coûter très cher. »

Statistiquement, les réactions à un premier traitement au lithium divisent la population des malades en trois groupes bien distincts. Le premier ne ressent aucun effet, ni positif, ni négatif, et doit être traité avec d'autres substances. Le second subit des effets secondaires négatifs (on parle de vomissements, de prise de poids, de problèmes thyroïdiens...) qui entraînent l'interruption thérapeutique du traitement. Le troisième, en revanche, y trouve une pleine satisfaction, un parfait confort et l'impression d'être à nouveau « normal ». Je fais partie de cette dernière population et ne peut témoigner qu'en mon nom propre.

Il faut compter plusieurs semaines, voire plusieurs mois, avant que le lithium produise ses effets, « en douceur », imperceptiblement. Il se fait discret, on se sent bien, à tel point que l'oubli est facile, et ce d'autant plus qu'il n'y aura pas de conséquences immédiates... à part rassurer l'entourage qui veille souvent à la prise des médicaments.

Alors si le lithium ne présente que des avantages – ce qui est réellement le cas pour moi –, pourquoi arrêter ? Pourquoi se priver de cet incomparable confort, de ce bien-être facile et sans inconvénient ?

Je pense que les raisons qui motivent l'arrêt gravitent autour des notions de bien-être et de narcissisme. On se sent bien grâce au lithium. On se sent tellement bien que l'on ne se voit plus que comme quelqu'un de « normal », de bien portant, de serein et qui pourrait très bien se passer d'un traitement réservé aux malades. On a aussi le sentiment de ne pas prendre son médicament pour soi, mais plutôt pour le confort et la tranquillité des autres, pour les proches dont la vigilance nous renvoie l'image de cette population des « fous », que nous voulons rejeter avec force.

Prendre quotidiennement un médicament sonne comme une condamnation à perpétuité. Il est très dur d'admettre des défaillances mentales provisoires et réversibles, et pouvoir maîtriser seul cette adversité aurait été une sorte de revanche, une consolation. J'aurais aimé pouvoir m'enorgueillir d'un sevrage réussi, pouvoir compenser l'affront que constitue cette maladie.

Toute personne saine ou malade devrait être en mesure de demeurer le « chef d'État de son corps », entouré de médecins qui agiraient en nécessaires et bienveillants conseillers : mon corps m'appartient, mais j'ai besoin d'un « service technique » pour mieux gérer certaines défaillances et m'aider à prendre les décisions qui me reviennent. Il faudrait que le corps médical oublie l'étymologie du mot ordonnance et s'oriente vers le conseil, nous permette de partager la décision du risque et accepte, si cela est raisonnable, de réduire les doses. Comme je l'ai dit précédemment, je voudrais avoir le droit de « marcher plus au bord de la falaise », d'apercevoir le vide, de prendre ce risque. Je crois que le jeu en vaut la chandelle, que le risque de rechute vaut bien celui qu'engendre la méconnaissance des effets à long terme de ces molécules. Encore une fois, rares sont les médecins qui acceptent ce rôle de conseillers, qui sont prêts à accompagner cette aventure. En général, et avec ce problème de sectorisation, l'alliance thérapeutique prend bien souvent l'allure d'un mariage forcé.

Ainsi, quand j'ai décidé d'arrêter le lithium, ce fut souvent pour des raisons purement spéculatives et qui tenaient à cette narcissique et légitime volonté de « contrôle » de soi. C'était un défi : puisque je me sens si bien pourquoi ne pas essayer de tenir le coup sans cachets ? La rechute est bien entendu au bout du chemin. Désormais, après les échecs des premières tentatives de sevrage, je tente des expériences plus modestes : la recherche de la dose minimale efficace, associée à un respect draconien des règles d'hygiène de vie. La réaction à une variation des dosages de lithium étant toujours très lente (plusieurs mois), cette entreprise à l'aveugle reste très risquée.

Mon objectif est de devenir, pour reprendre l'expression de Christian Gay, un « expert de la maladie », de la disséquer, l'expliquer, reconstruire une raison pour faire face à la déraison que je subis, vaincre la pathologie sur son propre terrain, utiliser, comme au judo, la force de mon adversaire. J'aimerais suivre l'exemple de Kay Redfield Jamison, qui a eu un impact fort sur moi en ce qu'elle a su cumuler le regard du professionnel et celui du malade, le regard de celui qui agit et de celui qui subit. Elle possède une double connaissance, intérieure et extérieure. L'orgueil m'a sûrement porté trop loin, plus ou moins inconsciemment. Un sevrage réussi aurait été une consécration, mes différentes tentatives ne furent que de graves erreurs.

Les raisons qui motivent l'arrêt sont nombreuses et souvent profondément intriquées : mauvaise information, effets indésirables, très longue durée du traitement, etc. On voit fréquemment des malades interrompre leur traitement quand réapparaissent les symptômes dépressifs : « À quoi bon continuer si cela ne sert à rien ? Je suis toujours malade ! » ou, à l'inverse, lors des premières manifestations d'euphorie : « Je suis guéri, je ne me suis jamais aussi bien senti, je n'ai plus besoin de médicaments. » D'autres personnes pourront arrêter volontairement pour retrouver leur dynamisme perdu, parfois même pour éprouver les sensations d'un nouvel épisode d'excitation, par cette « nostalgie de l'hypomanie » ou des intervalles libres qu'éprouve Jean-Alain.

Il est encore plus difficile de faire accepter ce traitement par les artistes ou les créatifs qui se plaignent fréquemment d'un « abrasement » de leur émotions, d'un émoussement de leur pouvoir de créativité, d'un écrêtement de leurs affects. Dans ce cas précis, il y a lieu d'adapter, d'aménager, la répartition des prises, éventuellement d'ajuster au plus bas la posologie, mais surtout de faire admettre que le traitement aura pour but d'accroître les performances en contrôlant le phénomène de « on/off », d'allers-retours, de hauts et de bas. K.R. Jamison écrit à ce propos : « Je ne brûle pas de recréer l'exaltation ; les conséquences en sont trop pénibles, trop dommageables et définitives. » Elle se montre pourtant tout aussi ambivalente que Jean-Alain : « L'appel des montagnes russes n'en est pas moins ensorcelant. Et dans le vieux dialogue entre les sens et la raison, les premiers ont presque toujours le dernier mot quand le quotidien manque de passion et d'intérêt. »

Plus largement, il est toujours possible de composer avec les médicaments. Nous ne sommes plus à la fin du siècle dernier où le médecin ordonnait systématiquement de prendre un produit sans appel ni explication. Aujourd'hui, et même si la réalité nous oblige à nuancer ces progrès, les conduites ont évolué ; le médecin conseille, et l'information doit devenir une règle absolue. Pour soigner efficacement, il ne suffit pas de convaincre ; il est nécessaire qu'une alliance thérapeutique se crée entre le patient et le praticien, et, mieux encore, que cette alliance s'étende à d'autres soignants et à des membres de la famille. Il arrive malheureusement encore trop souvent que des intervenants extérieurs torpillent le traitement. On voit certains psychanalystes non médecins se permettre de conseiller à leur patient de cesser de prendre leur thymorégulateur sous prétexte qu'il interfère avec leur propre prise en charge et limite les capacités psychologiques du malade en le mettant trop à distance. Ces individus sont des criminels en puissance qui le plus souvent ne sont pas informés des conséquences de leurs « conseils » et interviennent sans posséder les connaissances scientifiques nécessaires.

Trop longtemps, la maladie maniaco-dépressive a été banalisée. Le risque suicidaire est aujourd'hui bien signalé dans de nombreux ouvrages et publications spécialisées, mais encore faut-il avoir accès à ces informations. Lors de nos réunions publiques sur le sujet, de nombreuses personnes témoignent de suicides dans leur entourage, qui surviennent parfois alors que la personne paraissait aller bien : « Si j'avais été informé... si on avait pu faire le diagnostic à temps ! »

On retiendra surtout des médicaments « d'aujourd'hui » qu'ils permettent de limiter les risques liés à cette maladie. Leur efficacité peut être totale ou partielle et, dans le cas des formes rebelles, il est parfois nécessaire d'associer plusieurs substances. Leurs effets indésirables sont majoritairement contrôlables. En 2002, il est possible de vivre correctement avec son médicament !

Cependant, répétons-le, la prise de ces produits, qu'ils soient associés ou isolés, doit être accompagnée de mesures thérapeutiques complémentaires.

D'autres traitements physiques trouvent parfois leur place dans la prise en charge des maladies maniaco-dépressives.

Citons le plus célèbre d'entre eux, l'*électrochoc*, longtemps perçu comme barbare par ceux qui n'étaient pas directement concernés. Il représente en fait le traitement le plus efficace des états maniaques et dépressifs graves. On le réserve aux formes dites résistantes, c'est-à-dire à celles qui n'ont pas répondu aux thérapeutiques habituelles, aux formes où il existe un risque vital majeur, ou encore à celles qui s'accompagnent d'une activité délirante.

La *luxthérapie* (ou *photothérapie*) est un traitement par la lumière qui s'adresse à une certaine catégorie de malades, atteints de troubles de l'humeur saisonniers. Cette thérapie doit le plus souvent être associée à un traitement antidépresseur. Rappelons que les dépressions saisonnières surviennent en hiver et que les premiers symptômes sont le ralentissement et la fatigue, une tendance à trop dormir et à trop manger.

L'*agrypnie* (autre nom de l'insomnie) a eu ses heures de gloire au cours de la deuxième partie du siècle dernier et consistait à priver de sommeil le déprimé.

Médicaments et personnalité

Les patients expriment fréquemment la crainte de l'impact que ces médicaments pourraient exercer sur leur personnalité. Soyons clairs sur ce point : les antidépresseurs, les thymorégulateurs, les neuroleptiques, les tranquillisants ne changent pas la personnalité. Ils peuvent néanmoins modifier certains fonctionnements, atténuer certains traits, de façon transitoire, pendant la seule durée du traitement. Ces médicaments diminuent, améliorent les symptômes et peuvent réduire le niveau d'irritabilité, d'angoisse, etc.

Sur le long terme, après plusieurs années de traitement, une fois son état thymique normalisé, le patient en retirera des avantages manifestes. En revanche, la persistance d'épisodes pathologiques pourra retentir sur la personnalité en la fragilisant, en la rendant plus réactive. On ne peut que partager à ce sujet les idées de Jean-Alain :

Les thymorégulateurs et autres psychotropes n'agissent pas sur le corps comme les médicaments traditionnels, mais sur cette partie plus secrète de notre être que j'aime à appeler l'« âme » pour en souligner la très forte intimité. J'ai souvent eu peur que ces médicaments ne viennent à la modifier, à l'altérer, à changer ma personnalité.

Chacun d'entre nous défend bec et ongles ses idées, sa façon d'être, tout ce qui émane de son esprit. Nous tenons presque déraisonnablement à ces expressions du plus profond de nous-mêmes, à rester l'unique propriétaire de cette chasse gardée. Cela explique la crainte récurrente qu'on ne me vole ou qu'on ne métamorphose cette intimité, qui confine à un sentiment de peur d'un « viol ». Je pense que notre âme, notre personnalité, notre moi est plus intime encore que notre sexe qui n'en est qu'une partie.

Ceux qui ont recours aux stupéfiants recherchent précisément cette modification de leur personnalité, démarche qui peut paraître inverse à la mienne ; j'ai désespérément cherché à m'accrocher à ma personnalité, à ma nature originelle. Mais le voyage des toxicomanes est provisoire, ils n'abandonnent pas définitivement leur être, tandis que notre traitement est à vie.

Avec le recul et l'expérience, je dois avouer que le lithium et les autres thymorégulateurs n'ont pas eu cet effet tant redouté. Et puis je m'habitue à cette monotone régularité d'une humeur qui reste néanmoins la mienne. Une émotivité trop stabilisée nous prive de certaines émotions, des joies liées aux surprises que la vie pourrait nous offrir, mais elle nous protège aussi des peines, des déceptions. Une dose adéquate d'« instabilité » de l'humeur est indispensable à une bonne intégration sociale et à un équilibre personnel : l'excès de régulation artificielle peut empêcher une réaction « normale » de notre part, celle qu'attendent nos proches et les décevoir ou créer des conflits.

Les traitements psychologiques

Le terme de *psychothérapie* est vaste. Il englobe aussi bien la notion de soutien qui existe dans une relation thérapeutique qu'un suivi plus élaboré, faisant intervenir les principes de la psychanalyse.

Les psychothérapies occupent (ou devraient occuper) une large place dans la prise en charge des patients bipolaires ; elles ne peuvent toutefois contrôler ce trouble à elles seules. On a vu que les rechutes pouvaient être favorisées par des événements pénibles de la vie, des situations de perte (séparation, deuil, éloignement par exemple) auxquelles le maniaco-dépressif est particulièrement sensible. De même, chaque nouvel épisode provoque une fragilisation psychologique, des doutes, une perte d'estime de soi, une plus grande sensibilité, des pensées négatives, etc. Cette maladie peut, en outre, être associée à d'autres troubles qui relèvent de mesures psychothérapiques spécifiques. Un patient bipolaire peut enfin se trouver face à un conflit névrotique (conflit entre les pulsions et les interdits, entre différentes pulsions...) qui le conduit à une répétition d'échecs, à un état permanent de mal-être psychologique, de culpabilité, de dévalorisation, de frustration, d'insatisfaction. Ces nécessaires préliminaires devraient permettre de mieux comprendre la place des différentes psychothérapies dans le traitement de cette maladie.

La *psychothérapie de soutien* constitue le soubassement de toute relation avec ses patients, qu'ils soient maniaco-dépressifs ou souffrent de toute autre maladie chronique. Elle n'est pas spécifique au trouble bipolaire et s'applique aussi à l'ensemble des maladies, plus particulièrement si elles sont chroniques, invalidantes, sources d'une souffrance physique et mentale, avec, bien entendu, des aménagements relatifs à la personnalité du patient et à sa pathologie. Elle repose principalement sur la qualité de l'empathie, l'optimisme, la bonne transmission de l'information entre le soignant et le malade, etc. Le médecin explique, rassure et s'adapte à la situation. Communiquer avec un déprimé n'est pas plus facile que nouer une relation avec un maniaque. Cela demande des capacités d'adaptation, de compréhension, de tolérance, et beaucoup d'expérience.

Le travail sur le passé permet de retrouver les origines inconscientes d'une culpabilité, d'une hypersensibilité, d'un fonctionnement affectif, d'une fragilité excessive aux séparations, aux pertes, et de mieux appréhender ces faiblesses. Ces *thérapies analytiques* trouvent aussi leur indication en cas de conflit névrotique ou de névrotisation du trouble liée aux séquelles post-dépressives ou maniaques.

Les *thérapies cognitivo-comportementales* sont principalement indiquées dans le cas de troubles anxieux de différentes natures, mais elles se révèlent également utiles dans le traitement curatif ou préventif des dépressions et, par extension, des troubles bipolaires. L'un des objectifs de ce type de thérapie est d'aider le patient à lutter contre les pensées négatives et à retrouver l'estime de soi, à s'affirmer.

Les *thérapies interpersonnelles* s'attachent à résoudre les dysfonctionnements dans les relations avec l'entourage. Elles sont bien codifiées et de courte durée. Très en vogue aux États-Unis, elles n'ont pas encore vraiment franchi l'Atlantique.

Les *thérapies familiales* impliquent plusieurs membres d'une même famille : nous savons que le trouble bipolaire perturbe l'équilibre familial et que, réciproquement, les problèmes familiaux favorisent le risque de rechute. Les *thérapies conjugales* rassemblent, comme leur nom l'indique, le patient et son conjoint, et permettent de travailler sur l'influence réciproque de l'un et de l'autre.

Les mesures psycho-éducatives ont pour objet de faciliter l'acceptation de la maladie et de ses traitements, de permettre une reconnaissance précoce des premiers symptômes qui annoncent une rechute, et d'appliquer les règles d'hygiène de vie limitant les risques d'exposition à des stress contrôlables. Elles sont abordées au cours de réunions, de conférences, de débats, de thérapies de groupe, sous forme de jeux de rôle... Vingt ans après les États-Unis, la France commence progressivement à les mettre en place.

Les médicaments actuels sont efficaces et souvent bien tolérés ; le soutien psychologique est un besoin généralement admis. Ces mesures, si indispensables soient-elles, ne suffisent pas pour autant à assurer une amélioration au quotidien et sur le long terme de l'état d'un patient maniaco-dépressif. Il faut que le malade apprenne à vivre avec ses médicaments, qu'il puisse se prendre en charge en dehors des séjours à l'hôpital et des séances de psychothérapie, ne serait-ce que pour récolter les bénéfices de ses traitements. Les patients bipolaires manifestent des tendances excessives qu'ils doivent connaître afin de mieux les éviter, en adoptant une hygiène de vie particulièrement régulière.

Règles d'hygiène de vie

Le mot « hygiène » provient du nom d'Hygie, personnification de la santé dans la mythologie grecque et fille d'Asclépios, héros et dieu de la médecine. Ce dernier naquit de l'union d'Apollon, le dieu de la beauté et des arts, et de Coronis, une mortelle, princesse de Thessalie. Asclépios consultait assis près d'un bâton autour duquel s'enroulaient des serpents, origine du caducée actuel. Il était vénéré à Épidaure aux côtés de sa fille Hygie. Il incarnait le trait d'union entre la médecine divine, marquée par le culte de la beauté, et de la médecine humaine, déjà très orientée vers l'hygiène. Vers 400 av. J.-C., Hippocrate, que l'on considère comme un Asclépiade, c'est-à-dire un descendant d'Asclépios, fonda en Thessalie la première école de médecine. Les examens y reposaient déjà sur la palpation et la détermination des conditions d'hygiène de vie.

L'hygiène est la science de la santé ; elle définit la somme des règles et des pratiques qui préviennent l'apparition de la maladie en améliorant les conditions de l'existence.

Dans le domaine du fonctionnement psychique, l'« hygiène » est étroitement liée à l'hygiène sociale. Elle prend en compte, protège ou même modifie l'environnement dans lequel l'homme est appelé à vivre, dans un sens favorable à son bon développement. Cette hygiène mentale individuelle prend toute son importance dès l'enfance et s'applique à tout le monde. Elle se traduit par l'ensemble des précautions destinées à assurer un équilibre et à éviter toute situation de surmenage : sommeil suffisant, régularité des activités, respect des fonctions physiologiques. Le défaut d'hygiène peut constituer un facteur de survenue de troubles mentaux, indépendamment des événements de vie pénibles ou des traumatismes affectifs.

Dans le domaine particulier des troubles de l'humeur, qu'ils soient dépressifs ou maniaques, une bonne hygiène de vie doit permettre un contrôle efficace des variations thymiques, en diminuant l'influence des agents stressants.

Au début du siècle dernier déjà, Emil Kraepelin avait signalé que des troubles de l'humeur pouvaient survenir à la suite d'un événement stressant, tel le décès d'un proche, un conflit, une dispute avec son conjoint, une infidélité, des difficultés financières... Il ajoutait que de tels facteurs favorisant l'apparition des dépressions ou des épisodes d'excitation n'étaient plus aussi déterminants après plusieurs années d'évolution, les troubles thymiques pouvant apparaître spontanément dans un deuxième temps.

Le Dr Robert M. Post partit de cette observation pour élaborer sa théorie du *kindling* (« embrasement »). L'image utilisée pour illustrer ce phénomène est celle du tas de bois qui s'embrase sous la flamme d'une allumette : si l'on répète le geste plusieurs fois, le tas de bois peut prendre feu spontanément ; les allumettes ne sont plus nécessaires à l'embrasement.

Ce modèle, applicable à l'épilepsie, convient aussi à la maladie bipolaire et aux troubles dépressifs. Des situations de stress sont nécessaires au déclenchement d'un premier épisode d'excitation ou de dépression, mais, après exposition à plusieurs événements stressants, ces épisodes pourront apparaître spontanément. En résumé, des situations stressantes de moins en moins intenses provoqueront de nouveaux accès, jusqu'à ce qu'un point de non-retour soit atteint et que le malade rechute spontanément.

Cette théorie souligne l'importance de la mise en œuvre de règles d'hygiène de vie qui peuvent permettre de réduire les risques de récidive « spontanée ». On trouve ces mesures dans les principaux textes de recommandation des traitements (ou *guidelines*) des troubles bipolaires et dépressifs.

De telles règles ne sont véritablement efficaces que si elles sont appliquées le plus précocement possible. Elles s'adressent bien évidemment à tout individu, mais plus particulièrement à ceux qui présentent des troubles anxieux, des désordres de l'humeur de différentes natures (bipolaires, cyclothymiques, etc.) ou qui ont des antécédents familiaux de cette sorte. En outre, il est important que le malade connaisse la finalité de ces préceptes et soit capable d'en comprendre le fondement. Concrètement, ils doivent permettre de se prémunir des stress quotidiens, de les contrôler ; ils concernent le sommeil, les rythmes journaliers, l'équilibre des activités, la prévention des excitants, etc.

Le sommeil

Le sommeil, premier gardien de notre équilibre psychique, se trouve inévitablement impliqué lors des rechutes. L'insomnie peut mener à des états d'excitation et à des dépressions d'épuisement.

J'ai toujours eu la chance de bénéficier d'un sommeil profond et stable, d'une durée oscillant entre huit et neuf heures, et d'un endormissement facile, avec cependant des réveils pénibles.

En dehors de ma première profonde dépression mélancolique qui m'a fait perdre complètement le sommeil, mon fonctionnement nocturne est très simple : la durée de mon sommeil s'allonge durant les dépressions et se raccourcit pendant les exaltations, variant ainsi de douze heures à deux heures seulement. Ces variations sont progressives, sans à-coups, elles s'étalent sur de longues semaines, des mois même, sauf lors de la phase finale de raccourcissement des nuits qui mène à la manie : le passage (de huit à deux ou trois heures) peut alors se faire rapidement, mais toujours régulièrement, en deux semaines. Elles sont un excellent « instrument de mesure » de mon niveau d'humeur.

Dans la montée vers l'exaltation, l'endormissement reste facile, la nuit se fait en général de plus en plus courte et, paradoxalement, les réveils perdent leur caractère pénible pour devenir même très agréables. Je n'ai connu sur l'ensemble de mon parcours que quelques exceptions à ce schéma, c'est-à-dire des nuits avec des réveils fréquents et de l'agitation. Toutefois la profondeur de mon sommeil semble masquer le phénomène, m'offrant ainsi un repos de mauvaise qualité.

Lors des périodes délicates qui annoncent les accès maniaques ou qui suivent des périodes de stress, mon épouse a observé avec inquiétude des comportements étranges, notamment des gestes répétés toutes les trente secondes environ, avec la régularité implacable d'un métronome, qui me donnent l'allure d'un automate mécanique. Il m'arrive ainsi d'effectuer le même geste toute une nuit et d'en adopter un autre la suivante. Les soirs qui précèdent ces mauvaises nuits, il m'est souvent difficile de chasser de mes pensées des idées très tenaces qui envahissent mes préoccupations. Elles m'empêchent de rester mentalement avec les autres, je suis « dans les nuages », absent, mais l'endormissement demeure rapide. Le lendemain, je me réveille fatigué quelle qu'ait été la durée de ma nuit. La journée est médiocre, et j'essaie généralement d'éviter les activités que je sais être à l'origine de ces stress pour me préparer une meilleure nuit.

Depuis deux ans seulement, une autre perturbation du sommeil est apparue : un éveil total et en pleine forme au milieu de la nuit, certainement lié à des agitations masquées. Parfois ce sont de nombreux éveils partiels de quelques secondes avec endormissement immédiat.

J'ai constaté par expérience qu'un entêtement à vouloir se rendormir entraînait l'effet inverse. Alors je regarde discrètement l'heure et me fixe dix minutes... Si je ne me suis pas rendormi au bout de ce délai, je me lève un quart d'heure, bois un chocolat, fume une cigarette, fais des mots croisés ou écoute de la musique, puis je retourne au lit : neuf fois sur dix je me rendors en cinq minutes. Si ce stratagème ne fonctionne pas, je me laisse un second quart d'heure, mais je ne prends jamais d'hypnotique la première nuit difficile. Si la nuit suivante est aussi mauvaise, troublée par plus d'un éveil, je tente encore de tenir sans somnifère. En revanche, pour la troisième nuit, je prépare à l'avance un hypnotique léger sur la table de chevet, que je prends systématiquement au deuxième éveil. Je quitte alors la chambre pour une quinzaine de minutes, le temps qu'il fasse son effet, pour éviter un énervement lié à l'attente qui pourrait nuire à l'endormissement, puis je me recouche.

Il est tout à fait exceptionnel que mon sommeil soit soutenu deux nuits de suite par des médicaments. Afin de conserver la régularité des rythmes circadiens, je ne recule que très rarement l'heure de mon réveil matinal, même si la nuit a été mauvaise ou la prise d'hypnotique tardive (parfois vers quatre ou cinq heures du matin à l'approche d'un accès maniaque). Je me fais alors réveiller par mon épouse.

Lors des montées d'exaltation, il m'est parfois nécessaire de « construire » artificiellement mes nuits afin de ne pas descendre en dessous des six heures indispensables, tout en minimisant l'usage des hypnotiques. Je profite ainsi d'abord des deux ou trois heures de sommeil naturel qui me restent, puis je prends un demi-cachet après le premier éveil, ce qui me procure encore deux à trois heures de sommeil artificiel, et réserve le second demi-cachet au deuxième réveil... Dans ces moments-là, qui dépassent rarement une à deux semaines, je mets de côté ma lutte anti-dépendance. En respectant bien ce rituel, j'ai réussi à arrêter deux fois l'évolution des montées d'exaltation, sans jamais devenir un consommateur régulier de ces molécules.

Il est essentiel d'apprendre à bien gérer les hypnotiques (somnifères) et les anxiolytiques (contre les angoisses) ; l'ordonnance ne constitue – pour ce type de substances et pour lui seul – que le cadre d'utilisation maximal, l'indication de la dose à ne pas dépasser. Cet apprentissage est en quelque sorte l'inverse d'une automédication : c'est la préoccupation constante d'un usage minimal de ces précieux moyens d'action, afin d'éviter la dépendance et de préserver leur efficacité lorsqu'il y a réel besoin. Ils offrent une solution facile et perverse à nos problèmes, et trop de malades ont gaspillé ce recours en y faisant excessivement appel.

Le cas des thymorégulateurs est bien entendu très différent, et les malades ne sont pas aptes à décider de leur délicate prescription qui doit toujours incomber au médecin. Cependant, il pourrait être utile d'apprendre à utiliser un neuroleptique « de sécurité » en cas d'urgence, lors d'un voyage à l'étranger par exemple.

Les nuits de sommeil agité laissent au réveil l'impression de nuits blanches, alors qu'elles sont des nuits en pointillé, de mauvaise qualité, certes, mais en général de durée suffisante. Souvent, le matin, avec mon épouse, que le moindre de mes mouvements éveille, nous comparons nos avis sur la qualité de ma nuit. C'est ainsi que j'ai pris conscience de l'aspect trompeur des « auto-estimations ». Savoir cela peut aider à éviter le piège de la dépendance aux hypnotiques. Mais la marge de manœuvre reste étroite : au-delà de trois à quatre mauvaises nuits, le danger de départ d'exaltation augmente. Nous n'avons pas le choix, il faut flirter avec ces deux

écueils : une nouvelle crise et la chute dans la dépendance.

Il est possible d'éliminer plus ou moins facilement les conduites à risques avérées – l'alcool, les stupéfiants – ou supposées – le tabac –, mais pas les facteurs de stress provenant de la vie sociale. On ne peut que les contourner ou apprendre à les amortir afin, au moins, de préserver ses nuits : c'est toujours une perte quantitative ou qualitative de sommeil qui précipite la catastrophe. Le sommeil est une clé fondamentale qui régit cette pathologie et il est indispensable d'apprendre à le maîtriser.

Il est admis de manière consensuelle que la réduction du temps de sommeil peut retentir sur l'humeur et favoriser excitation ou dépression. Les nuits de garde en médecine, par exemple, donnent souvent lieu le lendemain matin à une sensation de fébrilité accompagnée parfois de dépenses, d'achats excessifs. Chez Jean-Alain comme chez toute personne vulnérable, la répétition plusieurs fois d'affilée de nuits trop courtes peut provoquer une rechute dans l'exaltation ou dans la dépression. Le contrôle du sommeil constitue donc la première mesure d'hygiène à mettre en œuvre.

Le recours systématique à des hypnotiques n'est pas une solution satisfaisante, loin s'en faut. Dans la pratique, il est très difficile d'interrompre ce type de traitement si on le suit depuis vingt ans ; il a perdu son effet, mais fait partie du rituel du coucher. Très souvent, lorsque j'évoque cette possibilité avec un patient habitué à ces médicaments, cela se passe très mal. C'est encore pire si j'étais moi-même à l'origine du traitement quelques années auparavant.

Paul, à qui j'avais prescrit un somnifère Rohypnol® puissant il y a vingt ans, et à qui j'ai toujours répété qu'il était important d'avoir un sommeil régulier, s'interroge aujourd'hui sur mon bon sens quand je lui dis que ce médicament est dangereux, qu'il est assimilé à un stupéfiant, et qu'il doit réduire sa consommation d'hypnotiques. Il se souvient des discussions où il s'interrogeait sur la toxicité de cette substance. Je le rassurais en fonction des connaissances que nous avions de ce type de produits. Aujourd'hui, le discours a évolué, et c'est avec un malin plaisir qu'il me rappelle quelle était ma position à l'époque. Nos habitudes de prescription ont changé, et nous tentons dans la mesure du possible de limiter la durée d'utilisation des hypnotiques, voire de nous en passer. J'espère que Paul lira ces commentaires...

D'une manière générale, la consommation régulière d'hypnotiques engendre un certain nombre de phénomènes, d'effets négatifs et dangereux qui justifient l'interruption ou la diminution de leur prescription.

Une accoutumance se crée, qui fait que le produit perd graduellement son efficacité et qu'il devient nécessaire d'augmenter les doses pour obtenir l'effet thérapeutique souhaité – c'est ce que l'on appelle la « tolérance ». On sait aussi que la dépendance à ces médicaments provoque une recrudescence de l'insomnie à la fin du traitement, et qu'ils peuvent affecter la mémoire.

Ces quelques caractéristiques concernent principalement la classe des hypnotiques benzodiazépiniques et assimilés. Il existe des produits qui exposent à des risques d'accoutumance et de dépendance moins importants, mais, dans tous les cas, les somnifères ne résoudront pas à eux seuls un problème d'insomnie. Ils ne doivent pas être utilisés sur le long terme, même s'ils peuvent être utiles de manière ponctuelle, en cas d'accumulation de situations stressantes ou de décalage horaire par exemple.

Plutôt que prendre régulièrement de tels produits, il convient de suivre quelques conseils élémentaires qui favoriseront un meilleur sommeil. Ces recommandations sont valables pour tous et passeraient pour des lapalissades si elles n'étaient pas aussi diamétralement opposées à certains comportements que provoquent « naturellement » les troubles de l'humeur. Il est significatif que la première chose que retienne Jean-Alain de ses débuts d'accès maniaques soit une réduction du sommeil qu'il envisage d'abord comme un bienfait, comme une manière de lutter contre la monotonie de sa vie, d'aller de l'avant. Cette agréable impression de « pleine forme » est hélas toujours éphémère...

Le principe de base pour bien dormir est de réserver sa chambre au sommeil et d'utiliser d'autres lieux pour lire ou pour regarder la télévision. Il n'est pas nécessaire de se coucher trop tôt : mieux vaut retarder ce moment jusqu'aux premières manifestations de fatigue. Il est préférable de ne plus absorber de substances à effet stimulant (café, thé, chocolat, cola) après seize heures, et d'alcool et de tabac deux heures avant le coucher. Une impression de satiété, des repas du soir lourds ne sont pas forcément non plus un gage de bon sommeil. Le bruit (la télévision qui reste allumée car elle est devenue le moyen de trouver le sommeil) et la température ambiante de la pièce (trop froide ou trop chaude) retentissent aussi sur la qualité du sommeil.

Les rythmes quotidiens, sur lesquels nous reviendrons plus loin, influent plus qu'on le pense sur la qualité du sommeil. Les siestes (par exemple les « sommeils flashs » que s'octroie Jean-Alain lors de ses phases maniaques) cassent ces rythmes. Une activité physique ou intellectuelle pratiquée le soir stimule l'éveil ; avancée à l'après-midi, elle facilite au contraire l'endormissement.

Il ne faut néanmoins pas se montrer trop rigide sur la durée de la nuit : chaque personne doit évaluer le nombre d'heures de sommeil dont elle a besoin pour bien fonctionner.

Les rythmes du quotidien

Les rythmes biologiques sont en correspondance directe avec nos rythmes sociaux. La perturbation de ces derniers constitue souvent un facteur précipitant.

Lorsque la manie s'est installée depuis longtemps, le raccourcissement des nuits oblige souvent à des récupérations diurnes.

Au début, nous nous laissons piéger par l'absence de sensation de fatigue qui favorise un accroissement d'activité le jour et mène sournoisement à un surmenage

excédant nos capacités de récupération. Les siestes ou les « sommeils flashs » s'imposent brutalement et à n'importe quel moment de la journée. Ils permettent une certaine récupération mais vont malheureusement accentuer l'insomnie de la nuit suivante. Nous entrons alors dans un cercle vicieux qui va entraîner dans sa ronde désorganisatrice les autres rythmes, entre autres celui de l'alimentation. Un copieux petit déjeuner pris à quatre heures du matin ne permet pas de tenir jusqu'à midi. Les horaires des repas glissent, puis leur nombre augmente ; il faut bien meubler d'aussi longues journées. Cette tendance au grignotage permanent est accentuée par le fait que l'appétit est rassasié par des quantités très petites de nourriture, et que nous sommes sujets à de brusques, fortes et contradictoires, envies gastronomiques. La chronologie est nette : c'est l'amplification du désir sensoriel et la satiété rapide qui précèdent la désorganisation des rythmes alimentaires.

Dans mon propre cas, les décalages horaires liés à mes voyages ont sûrement joué un rôle important. Il faut parfois trois à quatre semaines pour se remettre de la quasi-inversion du jour et de la nuit qu'imposent des séjours dans le Pacifique Sud. Dans une moindre mesure, les passages bisannuels à l'heure d'été et à l'heure d'hiver me sont toujours pénibles à supporter.

Il est capital que le rythme de nos activités quotidiennes ne soit pas en décalage avec nos rythmes biologiques ; ils sont en étroite correspondance, et leur perturbation provoque un désordre biologique qui peut constituer un facteur supplémentaire de vulnérabilité. Lors des phases d'exaltation, quand les signes du sommeil ne se font plus sentir, le maniaco-dépressif a tendance à caler l'ensemble de ses activités sur son nouveau rythme « artificiel », pour occuper au mieux ses journées et profiter de son énergie débordante. Il entretient l'excitation et s'épuise sans le savoir, jusqu'au prochain virage de l'humeur... Chez Jean-Alain, cela se traduit notamment par une désorganisation des habitudes alimentaires et une dépense d'énergie considérable – il abat des peupliers, fait de la moto..., puis, plongeant dans la manie, finit par quitter le domicile familial dont il n'accepte plus le mode de vie.

Pour « contrer » ces dangereuses inclinations, il est indispensable de s'imposer des rythmes réguliers, de maintenir un temps de sommeil stable, de respecter les horaires des repas (qui font aussi partie des rythmes sociaux), d'éviter les à-coups, et surtout de respecter la fatigue, qui est un signal d'alarme contre le surmenage. Le soir, il est recommandé de dîner en famille ou avec des amis, puis de se distraire (lire, jouer, regarder un film), de prendre une douche ou un bain avant de se coucher à une heure que l'on sait raisonnable.

Il faut définir des activités prioritaires, savoir qu'on ne peut pas « tout faire ». Inversement, mais dans le même ordre d'idées, la procrastination – qui consiste à remettre au lendemain ce que l'on pourrait faire le jour même – est presque aussi nocive que le surmenage. L'accumulation des tâches en suspens (au même titre que le désordre, le retard ou l'attente) entraîne un état de tension, un poids qui vient s'additionner aux autres stress de la vie.

Le surmenage

La mission humanitaire à laquelle j'ai participé en 1996, dans un lointain département français, était originale et permettait à un membre de l'Éducation nationale de se greffer à une opération fort bien menée par un fonctionnaire dépendant de l'Agriculture. Il s'agissait de permettre à des RMIstes d'origines culturelles diverses d'obtenir une formation générale et professionnelle sur le terrain, en dehors du milieu scolaire. Mon rôle était de mettre au point une pédagogie « globale », libérée des frontières classiques qui séparent les disciplines, afin de procurer, le plus rapidement possible, un bagage minimal de « culture occidentale » et un vernis de citoyenneté française.

La malchance a voulu que le génial créateur de cet outil d'insertion, le coordinateur de cette mission, soit contraint, pour des raisons de santé, à un retour anticipé en métropole. Son successeur n'a pas daigné me rencontrer ou même me faire savoir qu'il refusait de travailler avec quelqu'un qui n'était pas de son ministère.

J'ai d'abord tenté de remonter la voie hiérarchique de cette administration pour faire valider le contrat que nous avions passé. Il serait trop long de décrire l'épuisant parcours du combattant auquel s'apparente ce genre de démarche ; il est difficile de saisir le vide, surtout quand il se dérobe. J'ai ensuite orienté mes efforts vers les représentants locaux de mon propre ministère. Puisque nous étions de la même « race », les portes se sont ouvertes plus facilement. Mettre en place une passerelle, tenter un dialogue, créer une symbiose, entre deux services de notre grande Administration relève en France de l'utopie. Les échecs s'accumulaient, il fallait trouver autre chose. Je me suis adressé aux représentants du ministère du Travail qui m'ont fourni un soutien sincère, le directeur régional a même pris personnellement l'affaire en main.

Mon travail était intensif : l'humanitaire ne s'improvise pas, il faut moins de cœur que de pragmatisme. Pour être efficace je devais travailler beaucoup, étudier et analyser les raisons des succès – ou plus souvent des échecs – des opérations précédentes. Je dévorais les rapports administratifs, les ouvrages généraux, tout ce qui me permettait de mieux comprendre les problèmes locaux. Je dormais peu et courais partout, emportant avec moi ces lectures pour ne pas perdre un instant.

Seul dans ce pays exotique, il m'avait déjà fallu résoudre les problèmes de logement, de transport, d'adaptation... J'ai rassemblé les ingrédients du cocktail explosif idéal : l'hyperactivité, le stress de l'échec, la solitude, le décalage horaire, le choc climatique, et pour parfaire le tout quelques whiskys de consolation le soir et une histoire sentimentale...

Je me suis littéralement épuisé en entrant dans un processus qui n'autorisait pas le repos de l'esprit. Je n'ai rien trouvé de mieux pour me changer les idées que la lecture, la méditation philosophique, ethnologique, sociologique sur la nature humaine. Je n'ai fait qu'alimenter mon intérêt naturel pour ces sujets profonds et accélérer une activité cérébrale déjà intense. La « machine à penser » s'est emballée, a subi quelques cahots, puis s'est grippée avant de se casser.

De nombreux patients rapportent que l'épisode inaugural de leur maladie est survenu dans un contexte de surmenage, très souvent à l'occasion de la préparation d'un concours ou d'examens. La période de juin-juillet est ainsi féconde en épisodes maniaques ou hypomaniaques chez l'adolescent et le jeune adulte.

On dit couramment que la proportion de malades maniaco-dépressifs est plus élevée chez les « créatifs » que dans le reste de la population. Cette réalité s'explique partiellement par l'irrégularité de ce type de professions, qui ne permet pas de conserver une activité stable. Que ce soient les intermittents du spectacle, les artistes, les publicistes, mais aussi les professions libérales, tous ont en commun d'être confrontés à des moments de surcharge de travail, de « surchauffe » intellectuelle.

Les exemples de grands créateurs maniaco-dépressifs sont nombreux et n'épargnent aucune discipline. Outre R.L. Stevenson et les musiciens déjà cités, on recense des écrivains et des poètes (Graham Greene, Mark Twain, William Faulkner, Ernest Hemingway, Léon Tolstoï, Virginia Woolf, Henry James, Honoré de Balzac, Francis Scott Fitzgerald, Charles Baudelaire, Victor Hugo, Gérard de Nerval...), des peintres (Jackson Pollock, Mark Rothko, Nicolas de Staël, Paul Gauguin, Vincent Van Gogh...), des cinéastes, des comédiens, mais aussi des hommes d'État. En ce qui concerne ces derniers, les psychiatres français se réfèrent souvent à Winston Churchill et à Theodore Roosevelt, et les psychiatres américains à Napoléon Bonaparte !

Il est bien évident que cette situation de surmenage peut avoir des incidences variées et que le trouble thymique ne surviendra que chez des sujets « à risque ». De nombreuses autres pathologies physiques et psychiques peuvent être générées par le surmenage : accidents vasculaires, cérébraux ou cardiaques, affections psychosomatiques, troubles anxieux, etc. Le personnel navigant des compagnies aériennes, par exemple, et toutes les personnes qui travaillent avec des horaires décalés sont aussi concernées. Dans un tel contexte, il peut être nécessaire de prendre contact avec un médecin du travail afin d'obtenir un poste plus adapté, mais les possibilités sont souvent malheureusement restreintes.

Le surmenage intellectuel peut conduire à un état d'énervement, d'irritabilité, de perte du sommeil, favorisant le risque d'un état d'excitation ou de dépression. Il importe de respecter les signaux d'alarme (la fatigue en particulier) et de savoir anticiper, organiser son emploi du temps, refuser une tâche.

Les excitants

Je sais faire preuve de modération avec l'alcool, mais ma consommation de tabac, elle, n'est pas raisonnable. Le lien entre l'état de mon humeur et le recours à ces mauvaises habitudes de compensation est évident, mais parfois paradoxal. Ma consommation de cigarettes varie dans le même sens que mon niveau d'activité. Il m'est même arrivé de cesser de fumer assez facilement durant certaines phases dépressives récentes, mieux tolérées aujourd'hui qu'au début de la maladie. À cette époque, la dépression augmentait également mon tabagisme.

Pendant les intervalles libres, un paquet par jour me

suffit ; en fin d'exaltation, il me faut le double. Dans ce cas précis, la relation de cause à effet n'est pas évidente : l'état d'exaltation augmente certainement le besoin de consommation, mais je suis persuadé que la nicotine stimule aussi les processus cérébraux, et donc la montée de l'excitation. Il semblerait qu'aucune étude n'ait été faite sur ce sujet.

L'alcool déclenche un mécanisme, un « cercle infernal » similaire, mais beaucoup plus redoutable. Il en va sans doute de même des stupéfiants illégaux. Un ou deux verres suffisent pour gâcher une nuit, provoquer un sommeil agité, de mauvaise qualité, multiplier les « éveils partiels », parfois imposer de quitter le lit.

Mes cinq exaltations les plus sévères ont toutes été accompagnées d'une alcoolisation ponctuelle et modeste de fin de soirée, inférieure au taux admis pour les automobilistes, mais qui a sûrement été la goutte (d'eau !) qui a fait déborder le vase : elles se sont achevées sur une hospitalisation. Les seuls accès maniaques maîtrisés en ambulatoire, sans hospitalisation ni augmentation de traitement, ont été intégralement sobres.

Je m'octroie le droit maximum à un verre de boisson légèrement alcoolisée par jour, sans aucune exception. Si j'avais été réellement dépendant de l'alcool, je m'imposerais l'option zéro.

L'un des principes les plus évidents est de ne pas consommer d'alcool ou de drogues illicites : le cannabis, les amphétamines, la cocaïne, entre autres, sont fréquemment impliqués dans la genèse d'un trouble mental, particulièrement chez les adolescents et les jeunes adultes. Les commentaires de Jean-Alain sont significatifs : si l'alcool (le produit le plus concerné en France) facilite l'endormissement, il désorganise surtout le sommeil en le hachant, et favorise ainsi les éveils nocturnes.

Il importe de la même façon de se montrer vigilant quant à l'utilisation quotidienne et répétée d'excitants et de certaines médications (utilisées contre les rhumes, les allergies ou la douleur). Même en petites quantités, ces substances peuvent troubler le sommeil, le comportement, et interférer avec le traitement régulateur de l'humeur.

Certes, l'application de ces quelques règles d'hygiène de vie permet de réduire nettement le risque de récidive chez le patient maniaco-dépressif, mais elles n'en restent pas moins souvent fort contraignantes. Cela explique que les patients « craquent », d'autant que ces mesures vont à l'encontre des tendances excessives, déraisonnables, qui caractérisent les phases hautes, mais aussi les intervalles libres. Comment imposer ces « il faut », « il ne faut pas » à des personnes qui sont à la recherche de sensations fortes, et qui, même entre deux crises, brûlent leur vie par les deux bouts, ne s'épargnant aucune situation stressante ? On entend fréquemment : « Je ne peux pas faire autrement ! » et l'on ne trouve rien à répondre, jusqu'au moment où survient la catastrophe. Le malade temporairement à distance de sa maladie n'est pas guéri pour autant et doit rester aux aguets dans tous les actes de sa vie quotidienne.

Chapitre 5

Aux prises avec la loi

Les personnes atteintes de troubles de l'humeur sont fréquemment confrontées à la loi. D'une façon très schématique, ces relations se divisent en trois grandes catégories : les poursuites judiciaires, qui comprennent les contraventions (tribunal de police), les délits (tribunal correctionnel) et les crimes (cour d'assises) ; les hospitalisations sous contrainte (d'office et sur demande d'un tiers) ; et les mesures de protections de biens (sauvegarde de justice, curatelle et tutelle).

Délits sous influence

Il est couramment admis que 30 à 40 % des maniaco-dépressifs sont confrontés au moins une fois dans leur vie au système judiciaire. Ce chiffre relativement important est une fois et demie supérieur à celui de la population générale. Il s'agit le plus souvent de délits mineurs – outrages à représentant des forces de l'ordre, refus d'obtempérer, infractions au code de la route – parfois d'actes plus graves – vols, escroqueries, incendies, agressions sexuelles, etc.

Ces actes peuvent aussi bien être commis à l'occasion d'un accès d'excitation euphorique que lors d'un épisode dépressif. Paradoxalement, le déprimé est potentiellement très dangereux, plus que la personne exaltée, et il semble qu'une différence existe entre le déprimé bipolaire et le déprimé unipolaire (celui qui ne présente pas de phase d'excitation au cours de l'évolution de sa maladie). On dénombrerait – même si le pourcentage reste extrêmement faible – plus de crimes de sang chez les seconds que chez les premiers, qui seraient plus indifférents, plus émoussés, moins irritables.

Le diagnostic de cette maladie étant majoritairement tardif, il n'est pas rare de « découvrir » des maniaco-dépressifs ayant des antécédents médicaux-légaux ou judiciaires avec des condamnations. Les conséquences du trouble bipolaire ont été longtemps banalisées ; si le risque suicidaire est connu de tous (15 % des maniaco-dépressifs non traités se suicident), les comportements délictueux ou criminels restent presque totalement ignorés. L'idée reçue qui consiste à dire que « le maniaque fait plus de bruit que de mal » est fausse et dangereuse pour le patient autant que pour la société. Un maniaco-dépressif peut passer des années en prison sans que ne soit jamais évoqué le diagnostic de sa maladie.

Deux cas (parmi tant d'autres) d'authentiques escroqueries commises sous l'influence de la maladie aideront à mieux saisir cette dernière dimension... Ils se présentent ici sous la forme d'expertises judiciaires résumées, telles que le psychiatre les a soumises au juge d'instruction. Les noms et les dates ont été modifiés afin de respecter l'anonymat des personnes concernées.

Trente ans de détention avant le diagnostic

Le 18 avril 1997, monsieur F. A... était interpellé près de chez un marchand de vin après avoir tenté de lui régler un achat avec un chèque au nom « de sa concubine ». Il avait déjà payé, un mois plus tôt, deux caisses de bordeaux premier cru avec un chèque au nom de M. B... Lors de son arrestation, M. A... arborait une Légion d'honneur dont le port s'avérait lui être interdit.

Les chèques avaient été volés en 1994 et lui auraient été remis par une connaissance de détention. Il est établi que le véhicule Rover à bord duquel M. A... fut interpellé avait été acheté avec l'un de ces chèques, très peu de temps après sa sortie (en mars 1997) de prison. M. A... s'était vêtu d'un superbe costume croisé à rayures discrètes, et d'une rosette d'un rouge éclatant épinglée au revers de son col. Il n'avait ainsi eu aucune difficulté à convaincre le vendeur de l'urgence de son achat et de la nécessité de repartir tout de suite avec son « joujou ».

La demande d'expertise médico-psychologique émane de son avocat. Selon lui, les trente ans de prison de M. A... auraient déjà largement contribué à une détérioration de son état de santé – notamment psychologique – et sa détention provisoire lui serait plus préjudiciable et plus difficile à vivre qu'à beaucoup d'autres.

Des pièces médicales accompagnent la demande.

Elles mentionnent un traitement aux sels de lithium prescrit depuis le début du mois de juin 1996 par le Dr V... (psychiatre à la maison d'arrêt) qui évoquait alors un diagnostic de psychose maniaco-dépressive. Les pièces font aussi état d'une hospitalisation en psychiatrie. Un autre document difficilement lisible fait apparaître que M. A... avait été soigné la même année au centre hospitalier X...

Biographie

Son père aurait été officier de Marine (capitaine de vaisseau). Il est décédé à l'âge de quarante-quatre ans, en 1955, des suites d'une tuberculose. M. A... décrit son père comme un homme intelligent et méchant : « Il est entré major à Navale, il était sadique, il a bouffé sa fortune personnelle, je n'ai jamais vu quelqu'un d'aussi chiant. »

Sa mère, âgée de quatre-vingt-quatre ans, est vivante. Ce serait une femme autoritaire, obligée de prendre le contre-pied de son époux.

M. A... est l'aîné d'une fratrie de trois : son frère J..., quarante-neuf ans, est médecin ; sa sœur C..., quarante-huit ans, travaille comme secrétaire dans un cabinet d'avocats.

Il ne signale aucun problème financier dans la famille, mais relate des conflits répétés entre ses parents.

Sa naissance, à terme, se serait déroulée normalement, sans souffrance *ante* ou *post* natale. Il ne paraît pas avoir connu de retard dans son développement psychomoteur. Sa scolarité aurait été normale ; il se décrit lui-même comme un bon élève car « contraint et forcé », « vivant », mais pas pour autant indiscipliné. Il a d'abord fréquenté une école communale, puis un établissement tenu par des jésuites, de la sixième à la terminale. Durant cette période, ses loisirs se limitaient au scoutisme : « J'avais un tableau noir dans ma chambre et je travaillais. »

Après avoir obtenu son baccalauréat, M. A... entre dans un grand lycée parisien et prépare math sup et math spé. Il est diplômé d'une école d'ingénieurs à l'âge de vingt-deux ans, et s'engage dans la Marine (fusilier marin) ; il y reste cinq ans, dont trente-deux mois en Algérie, dans les Aurès. Il est blessé à deux reprises, puis libéré à vingt-sept ans avec le grade de premier maître (équivalent d'adjudant). Il explique ces choix par l'influence paternelle : « C'était inconscient, j'avais eu un lavage de cerveau de mon père. »

Il se fait immédiatement engager dans une grande société, mais il est condamné par la 10e chambre correctionnelle pour une affaire de justice qui se serait déroulée pendant son service militaire. Il aurait, selon ses déclarations, fait mille sept cents francs de chèques sans provision lors d'une sortie avec des appelés. La sentence aurait été de quinze mois de détention à Pontoise et à la Santé.

M. A... retrouve un emploi dans une autre société tout aussi importante, mais il est de nouveau arrêté à la suite d'une escroquerie. Cette arrestation et la condamnation qui suit inaugurent une longue série de placements en détention pour des motifs à peu près similaires : vol de biens et de chèques, falsification de documents,....

Il résume ainsi cette époque :

« Quand je travaillais chez R..., je suis retourné au trou pour des escroqueries, j'avais volé des chèques et détourné une voiture. J'en ai pris pour trois ans à Marseille et à Fresnes. J'ai vécu de petites conneries, d'abus de confiance ; je me faisais passer pour un vendeur de voitures et j'encaissais les acomptes. J'ai fait quarante-deux mois à Fresnes pour des délits merdeux. À trente-cinq ans, je ne faisais rien, je vivais de bricoles, d'un peu de courtage ; j'ai recommencé une autre connerie, des chèques volés avec une falsification de papiers. Avec l'argent, je sortais, j'allais au restaurant, je m'achetais des vêtements. J'ai fait vingt ou trente mois à la Santé. Le maximum que j'ai fait dehors, c'était quinze mois ; cela m'arrivait de ne rester que huit ou quinze jours dehors. »

C'est au cours de sa dernière détention que le diagnostic de psychose maniaco-dépressive est évoqué ; un suivi devait être organisé au centre médico-psychologique de son secteur. Le diagnostic semble avoir été confirmé par le Dr V..., si l'on se réfère au traitement par sels de lithium – spécifique à cette psychose – prescrit par ce médecin.

M. A... admet être quelqu'un d'« invivable », mais signale avoir eu de nombreuses aventures sentimentales et sexuelles. Sa vie sociale est très limitée, du fait de ses trente ans de détention, et ses loisirs se résument à la lecture. Il se décrit comme un individu « entier », victime de ses excès.

Antécédents

M. A... ne mentionne pas d'antécédents familiaux judiciaires. Sa sœur serait suivie et aurait été plusieurs fois hospitalisée pour troubles dépressifs. Elle présenterait aussi des états d'agitation.

Lui-même consomme ponctuellement de l'alcool,

fume en moyenne vingt-cinq cigarettes par jour, et n'a jamais fait usage de drogues. Selon ses déclarations, il présenterait une alternance de phases d'excitation et de phases dépressives. Il décrit les périodes d'exaltation comme des moments intenses : « Je ne dors plus, la vie est à moi, il n'y a plus de limites. » C'est dans ce contexte que se situent certains de ses délits. Les périodes dépressives se caractérisent par des accès de grand abattement et des idées suicidaires, voire des passages à l'acte. Il aurait ainsi fait trois tentatives de suicide : par pendaison, par phlébotomie et en provoquant un accident de voiture ; « je me suis planté contre un mur en 1989 ».

Ses antécédents judiciaires sont lourds ; il totalise de très nombreuses condamnations et trente ans de détention.

Discussion médico-légale

L'examen de M. A... met en évidence plusieurs types de troubles, et tout d'abord une instabilité de la personnalité, liée à ses fluctuations d'humeur. Il présentait probablement dans un premier temps un trouble cyclothymique où se succédaient des phases atténuées d'excitation et de dépression. Selon lui, les périodes d'excitation auraient pu faciliter la commission des délits ; il ressentait alors un bien-être, une désinhibition, une sensation d'absence de limites.

Ces troubles se seraient aggravés avec l'âge. Les périodes de subdépression auraient été remplacées par des états dépressifs majeurs, d'intensité sévère, avec tentatives de suicide et hospitalisations en milieu psychiatrique. Il semblerait qu'il existe chez M. A... un fond d'excitation chronique, sur lequel se grefferaient les phases dépressives.

Ces éléments, ainsi que ses antécédents familiaux (sa

sœur et probablement son père), confirment le diagnostic de psychose maniaco-dépressive (ou trouble bipolaire) posé lors de sa dernière incarcération.

Conclusion

M. A... bénéficie d'une intelligence supérieure à la moyenne. Ses difficultés de mémorisation et de concentration semblent s'intégrer à un état dépressif ; elles peuvent aussi être la première manifestation d'une détérioration naissante. Son niveau de socialisation et son contact sont bons, mais la durée de sa mise en détention n'a pu que favoriser une désinsertion et une marginalisation. Il paraît important de souligner que, malgré les délits à répétition qui constituent des actes antisociaux, M. A... n'a pas montré de comportements psychopathiques. On ne retrouve pas chez lui les critères classiques de ces déséquilibres : indifférence, agressivité, incapacité à éprouver de la culpabilité, troubles précoces (ceux de M. A... sont apparus après trente ans, âge auquel les désordres psychopathiques tendent généralement à diminuer).

L'existence de l'antécédent dépressif chez sa sœur pose la question d'une vulnérabilité génétique. L'autoritarisme de son père a pu engendrer une réaction d'opposition.

M. A... a été arrêté six jours après sa sortie de prison. La mise en place d'un traitement thymorégulateur pendant son incarcération peut faire espérer une atténuation des troubles de l'humeur, s'il est accompagné d'un suivi psychothérapique.

Que pouvons-nous ajouter à ces commentaires ? M. A... a passé trente ans de sa vie derrière les barreaux en raison des conséquences d'une maladie qui n'a été diagnostiquée chez lui qu'à l'âge de soixante-cinq ans ! Les excès de sa première période d'excitation l'ont rapidement confronté au monde judiciaire et il n'a jamais pu s'extraire de cet engrenage. De séjours en prison en brefs moments de liberté, M. A... a continué de présenter des phases d'excitation et de dépression qui sont restées méconnues de lui-même, de son entourage, et du personnel judiciaire et pénitentiaire.

Comme beaucoup de maniaco-dépressifs, il a sans doute été considéré comme un psychopathe – au sens d'un délinquant ou d'une personnalité anti-sociale – au début de sa vie d'adulte... Un psychopathe néanmoins très particulier si l'on se réfère à son cursus scolaire et supérieur. Son instabilité chronique, ses passages à l'acte délictueux s'inscrivaient donc dans d'authentiques accès d'exaltation qui n'ont jamais été reconnus comme tels. Il y a malheureusement tout lieu de croire que le monde pénitentiaire compte des milliers de malades bipolaires victimes de leurs excès qui, faute d'un diagnostic correct, ne peuvent bénéficier d'une prise en charge adaptée.

Le grand seigneur qui ne compte pas

Le cas d'escroquerie qui suit comporte à la fois des similitudes avec le premier – le protagoniste est un maniaco-dépressif de niveau culturel plutôt élevé – et des différences – une arrestation tardive et des dépenses qui en feraient rêver plus d'un : vingt millions de francs détournés et dépensés en sorties « magnifiques ».

Biographie

M. N... est né à terme, sans problèmes. Son évolution psychomotrice s'est déroulée dans des conditions normales, sans retard d'acquisition de la parole, de la marche, ni troubles psychologiques.

Il raconte une scolarité normale, sans redoublement, ne mentionne aucun événement particulier pendant son enfance, et se décrit comme un enfant plutôt réservé.

Après avoir obtenu son baccalauréat, il commence des études juridiques et décroche un DESS de droit privé. Il suit une formation à l'Institut de gestion d'entreprise puis intègre l'École nationale du service du Trésor. À la fin de ses études, il trouve un poste dans l'Administration (service des renseignements fiscaux), avant de s'orienter vers le privé, à l'âge de trente ans. Il travaille dans une société de courtage pendant deux ou trois ans, puis évolue dans les secteurs de la Bourse et de la recherche agricole. Jusqu'à son arrestation, il occupait la fonction de directeur financier.

Marié à trente ans, il divorce dix ans plus tard. Il a un fils de vingt-cinq ans avec qui les relations sont coupées depuis sa mise en détention : « Depuis que j'ai eu ce problème judiciaire, on a rompu totalement. » Il se remarie à cinquante ans, et précise se trouver actuellement « en plein divorce » à cause de sa situation actuelle. Concernant ses relations avec sa première épouse, il explique que son emploi du temps chargé et ses absences répétées ont eu un retentissement désastreux sur sa vie familiale : « Au début cela allait, mais j'avais une vie extérieure trop importante. J'étais absent quatre mois par an, ça ne facilitait pas la vie de couple... »

M. N... énumère de nombreuses liaisons extraconjugales imposées par ses besoins sexuels : « Ce n'était pas un manque, c'était un complément. » Il est probable que les phases d'excitation aient favorisé les débordements affectifs, les passages à l'acte et les multiples dépenses.

Il pratique la compétition automobile (où l'on retrouve la recherche de sensations fortes propre aux bipolaires) et le golf.

Antécédents

À sa connaissance, il n'aurait pas d'antécédents familiaux de troubles de l'humeur. Il n'a aucun antécédent psychopathique ou judiciaire. Sa consommation d'alcool est ponctuelle, il ne fume pas et ne fait pas usage de drogues. L'examen psychiatrique auquel il a été soumis ne permet pas de relever de manifestations pathologiques caractérisées. Il se sent solitaire, abandonné, et explique qu'il se trouve aujourd'hui dans une situation matérielle difficile : « Tous mes biens ont été saisis... tous mes revenus ! » Il est actuellement sans emploi et ne perçoit qu'une indemnité de réinsertion qui s'élève à trois mille cinq cents francs.

Il exprime un sentiment de tristesse, une fatigue morale, des idées noires, suicidaires, et se plaint d'une diminution de ses capacités de concentration, d'attention, un désintérêt général. Il prend ponctuellement un antidépresseur.

Personnalité

M. N... évoque deux aspects de sa personnalité : un côté énergique, et un côté réservé, secret. C'est sous cet aspect d'homme inhibé qu'il s'est présenté à moi (je ne l'ai pas examiné en milieu carcéral). Il précise que le côté énergique s'exprime dans sa vie professionnelle et sportive, et le côté secret dans sa vie privée.

Cette analyse qu'il fait lui-même de sa personnalité est très éloignée de la réalité... Il décrit de manière authentique une évolution cyclothymique dont il n'a jamais reconnu le caractère pathologique, et pour laquelle il n'a fait aucune démarche de soins. Cette évolution se caractérise par des moments de grande forme, d'activité excessive, d'assez courte durée – « Je faisais beaucoup plus de choses que d'habitude, je sortais beaucoup, je bougeais beaucoup » – précédés ou suivis d'intervalles libres ou de brefs épisodes dépressifs.

C'est dans ce contexte, lors de ces phases dites hypomaniaques, qu'il dépensait des sommes démesurées, « menant la grande vie, se comportant en grand seigneur... » Il précise que l'argent n'avait alors pas grande signification à ses yeux ; il lui arrivait de dépenser cinquante mille francs, parfois plus, en une seule soirée.

Discussion médico-légale

Le niveau d'intelligence de M. N... est supérieure à la moyenne ; son habilité manuelle et son attention se situent dans les normes. On ne relève pas dans son histoire personnelle d'événement particulier qui aurait pu influencer le développement de sa personnalité, ni d'antécédents familiaux.

Dans le mobile des délits, il nous faut bien distinguer la composante déterministe de ce qui tient de la finalité. L'état hypomaniaque, la phase d'excitation, engendre une désinhibition, une libération des pulsions, une absence d'anticipation qui ont pu déterminer le passage à l'acte au même titre que la découverte d'une solution facile pour détourner des fonds. La finalité des délits est également associée à la levée des inhibitions, à la volonté d'assouvir ses désirs, d'obtenir des gratifications sexuelles... En un mot, l'épisode d'exaltation engendre des désirs excessifs qu'il permet en même temps – grâce à une même levée des interdits – d'assouvir. M. N... doit prendre conscience de la pathologie dont il souffre, qui se situe aux confins d'un tempérament cyclothymique et d'une psychose maniaco-dépressive bipolaire. Il est désormais pris en charge à l'hôpital Sainte-Anne et participe régulièrement à des conférences-débats destinées aux patients.

Conclusion

Les faits pour lesquels M. N... a été mis en examen sont étroitement liés à cette pathologie de l'humeur qui est en général sous-diagnostiquée et dont le malade n'a pas conscience. Dans ce cas présent, ce dysfonctionnement dépasse le cadre d'un caractère ou d'un tempérament pathologique, mais ne s'avère pas aussi invalidant que les maladies maniaco-dépressives typiques.

M. N... n'est pas dangereux au plan psychiatrique, il est accessible à une sanction pénale mais relève d'un suivi psychologique.

Cette expertise nous apprend que M. N... a détourné vingt millions de francs, la majorité ayant été dépensée dans des contextes d'excitation, avec des femmes. Il occupait pour cela la fonction idéale de directeur financier de son entreprise. Sa maladie maniaco-dépressive est plus légère que celle de M. A... et n'avait pas non plus été décelée au moment des faits.

Dans un cas comme dans l'autre, la question du « normal » et du « pathologique » se pose inévitablement, au même titre que celle de la responsabilité. Les frontières sont imprécises... Les magistrats ont du mal à concevoir que l'on puisse être malade et organiser de si belles escroqueries. Parmi eux, seuls quelques juges d'instruction du pôle financier ont une pratique de cette maladie et des personnes qui en souffrent. D'autres magistrats connaissent bien mieux ces troubles, pour être eux-mêmes directement concernés... N'oublions pas qu'ils touchent tous les milieux, et plus particulièrement les professions où le stress est important.

Le problème de la responsabilité est à l'origine d'un vaste débat : elle sera bien entendu considérée comme moins importante en présence de phases très aiguës, d'une activité délirante, d'un défaut de diagnostic ou d'information sur la maladie.

Les exemples de ce type sont nombreux et pourraient alimenter un ouvrage à eux seuls... Nous n'avons évoqué ici que des cas d'escroqueries ; les actes délictueux ou violents peuvent se manifester dans tous les champs de la vie. Une personne en phase d'excitation peut devenir violente physiquement ou verbalement (c'est le cas de 49 % des malades), avoir des comportements sexuels excessifs ou déviants (l'hypersexualité atteint un taux de 57 %). Si les homicides sont exceptionnels, les incendies volontaires et les agressions sexuelles sont en revanche surreprésentés.

Les actes de délinquance sont facilités par l'extrême

fréquence des comorbidités dans les troubles bipolaires – en particulier la consommation d'alcool et de drogues, ainsi que les troubles de la personnalité – qui favorisent la désinhibition et donc le passage à l'acte. Ces comorbidités passent souvent au premier plan, éclipsent la maladie et contribuent à la sous-évaluation du diagnostic. Elles sont aujourd'hui de mieux en mieux prises en compte, ce qui améliore grandement la fiabilité des expertises.

Bilan de mes violences

La violence n'est pas totalement absente de mon parcours, mais j'en ai rarement fait usage, par contre je l'ai souvent fait se déclancher contre moi...

Je reconnais par deux fois avoir utilisé la gifle. Une première fois – j'en ai déjà parlé – sur ma fille, lorsqu'elle a confisqué les clés de ma nouvelle voiture, une seconde sur un voisin, mais seulement après avoir reçu trois coups de poing de sa part. Il m'est plus souvent arrivé de me défouler sur des objets et, une fois, de proférer des menaces assez spectaculaires ; l'affaire s'est d'ailleurs terminée en ma faveur.

Il est certain que, hors exaltation, je n'aurais pas eu ces gestes ou ces comportements, mais le bilan concret de mes propres violences reste fort modeste : il n'y a eu ni blessé, ni même hématome. En revanche, celui des violences contre ma personne est nettement plus lourd... Sur quatre interventions policières pour m'hospitaliser d'office, j'ai été roué de coups deux fois, je l'ai échappé belle une troisième, et une seule s'est déroulée correctement. On m'a ouvert un doigt d'un coup de rangers, j'ai pris des coups sur les testicules et sur la tête qui n'ont pas laissé de traces, sauf dans ma mémoire... je me suis protégé en me roulant en boule, mais ça n'a pas empêché l'acharnement... Brassens chantait à propos des guerres « Celle que je préfère », moi je préfère la gendarmerie, c'est plus soft.

J'ai encore été frappé violemment, à trois reprises, en une nuit, par un même infirmier dans un hôpital psychiatrique « modèle » – celui dont je garde le meilleur souvenir malgré cet incident. Les hématomes étaient bien visibles, c'est d'ailleurs la seule de ces agressions qui semble avoir quelque suite.

En dehors de la fameuse gifle, je n'ai jamais été violent avec les miens, physiquement du moins... Je manie les mots très habilement et possède un certain talent pour irriter ; c'est une forme de violence, de défense plus subtile et qui ne laisse pas de traces.

En un peu plus de huit mois en hôpital psychiatrique, je n'ai guère rencontré chez les patients autant de violence qu'on pourrait l'imaginer. Je n'ai peut-être pas fréquenté les secteurs les plus durs, mais j'étais tout de même à chaque fois placé en milieu fermé. Dans ce contexte, je n'ai que trois événements violents à raconter. Le premier était une banale bagarre qui s'est limitée à l'échange de deux coups de poing, avec pour résultat un saignement de nez et un hématome au poignet de l'agresseur. J'étais l'agressé, je ne comprends toujours pas pourquoi aujourd'hui. Probablement une phrase qui n'a pas plu ; il n'y avait même pas eu d'escalade verbale. Le second a failli être plus dramatique : une jeune fille de seize ans avait surpris son chevalier servant dans les bras d'une autre ; elle a attendu la rivale plusieurs heures dans sa chambre et l'a frappée avec un stylo à bille qui s'est planté juste sous l'œil. Il n'y eut heureusement pas de conséquences dramatiques, mais malades et infirmiers ont eu très peur. Le troisième incident fut une agression sur du matériel par un toxicomane en manque ; il a endommagé une dizaine de plaques du faux plafond.

Ces trois événements cumulés totalisent à peine une heure trente sur les cinq mille sept cent soixante heures passées presque intégralement en séjour fermé... On est très loin du cliché véhiculé par les rumeurs, le cinéma ou les médias... Dans un hôpital – du moins dans ceux que je connais – l'ambiance n'est pas alourdie par la violence ou par la peur des autres. Il y a un sentiment de sérénité ; ce qui marque le plus, c'est l'ennui pénible et pesant, presque unique objet de nos lamentations. La souffrance dure est discrète, souvent secrète, et si elle est parfois avouée c'est toujours en terme de « récit – questionnement » : le malade soulage son angoisse, il cherche de l'aide pour comprendre ; il murmure.

Un centre hospitalier abrite un groupe d'hommes et de femmes « ordinaires », c'est un endroit presque banal. Un visiteur qui le découvre pour la première fois en est toujours fortement impressionné : « On ne se croirait pas dans un hôpital psychiatrique », disent ceux qui appréhendaient tant d'y venir voir un proche (lorsqu'ils font cette démarche). Quelques amis et membres de ma famille – dont certains appartiennent pourtant au milieu médical – m'ont avoué n'avoir pas trouvé le courage de me rendre visite, sans autre raison que cette peur des mots « fou » et « psychiatrique ». Un sondage qui poserait la question « Seriez-vous prêt à rendre visite à un proche en milieu psychiatrique ? » en dirait sans doute long sur cette phobie collective.

La loi prévoit de tenir compte des actes perpétrés sous l'emprise des pulsions non maîtrisables, c'est le fondement même de la notion de responsabilité. Comment alors déterminer notre responsabilité quand par essence nous sortons de ce cadre, quand la maîtrise de nos pulsions nous échappe ?

Le récit de mes manies suscite souvent la question (qui contient déjà sa réponse) : « Tu n'étais pas conscient ? » Je réponds alors invariablement : « Si, mais il ne faut pas confondre conscience et raison. » Ces déraisons sont de plus fréquemment suivies de trous de mémoire, pour ne pas dire d'amnésie, qui donnent l'illusion de l'inconscience.

Les hospitalisations sous contrainte

Je serai bref sur ce sujet qui est fort bien développé dans de nombreux ouvrages[1] consacrés aux aspects légaux de l'hospitalisation.

La loi du 27 juin 1990 définit trois modes d'hospitalisation en milieu psychiatrique : l'hospitalisation libre (HL), l'hospitalisation sur demande d'un tiers (HDT) et l'hospitalisation d'office (HO).

L'article L. 326-3 du code de santé publique précise les droits du patient hospitalisé : « La personne hospitalisée en HO ou en HDT doit être informée dès l'admission et, par la suite, à sa demande, de sa situation juridique et de ses droits.

La personne a le droit de communiquer avec le pré-

1. Notamment *Droit et psychiatrie, guide pratique* (voir bibliographie).

fet ou son représentant, le juge du tribunal d'instance, le président du tribunal de grande instance ou son délégué, le maire de la commune ou son représentant, le procureur de la République. Il peut saisir la commission des hospitalisations psychiatriques, peut prendre conseil auprès d'un médecin ou d'un avocat, émettre et recevoir des courriers, consulter le règlement intérieur de l'établissement et recevoir des explications qui s'y rapportent, exercer son droit de vote (s'il n'a pas été placé sous tutelle), se livrer aux activités religieuses ou philosophiques de son choix. »

Pour mettre en place une hospitalisation sur demande d'un tiers (HDT), un membre de la famille ou une personne agissant dans l'intérêt du patient – excepté le personnel ou la direction de l'établissement où le malade est hospitalisé – rédige une demande d'admission qui sera valable quinze jours. Cette demande doit être accompagnée de deux certificats médicaux rédigés par des médecins inscrits au conseil de l'Ordre, dont un est obligatoirement extérieur à l'hôpital concerné. De même les médecins ne doivent pas avoir un lien de parenté (jusqu'au quatrième degré) avec le patient, le demandeur et le directeur de l'hôpital. Ce certificat est valable quatre jours. En cas de péril imminent, le directeur peut prononcer l'admission sur la foi d'un seul certificat.

L'hospitalisation d'office (HO) concerne les personnes dont l'état mental compromet l'ordre public ou la sûreté des personnes. La procédure nécessite un certificat médical au vu duquel le préfet de police (pour Paris) ou le préfet du département prononcera par arrêté l'hospitalisation. Le maire, dans les communes, et les commissaires de police, à Paris, prendront les mesures provisoires nécessaires. Le préfet doit être informé dans les vingt-quatre heures et statuer sans délai ; en l'absence de décision préfectorale au terme d'une durée de quarante-huit heures, les mesures provisoires deviennent caduques.

Malgré l'absence de danger immédiat pour le malade ou pour des tiers, il n'est pas rare qu'une personne en phase d'excitation maniaque soit hospitalisée d'office pour atteinte à l'ordre public. Les conditions de ces hospitalisations sont souvent épiques, comme en témoigne le récit de Jean-Alain...

Mon parcours a été des plus chaotiques ; j'en conserve une impression de cafouillages lamentables. J'ai connu six hospitalisations, dont cinq sous contrainte, et une de mon fait, pour dépression grave... je sais donc parfaitement qu'il est souvent aussi difficile d'entrer à l'hôpital que d'en sortir. Les cliniques privées offrent un meilleur confort, mais une qualité de soins variable, elles ne sont pas autorisées à pratiquer la contrainte, donc ne s'intéressent pas aux urgences. Plusieurs expériences catastrophiques m'incitent à la prudence.

En théorie, mettre en œuvre une hospitalisation sur demande d'un tiers est simple ; dans la pratique, cela s'apparente à un parcours du combattant. En province, maires, gendarmes, et même médecins de garde se défilent et arguent de prétextes qui masquent mal leur embarras, et plus encore si la personne concernée est un « notable ». Les autorités préfèrent attendre un trouble bien visible à l'ordre public et refusent d'anticiper. Les généralistes usent et abusent de l'argument du « manque de temps » pour renvoyer vers les urgences hospitalières. Dans mon département, les ambulances de l'hôpital psychiatrique cessent de se déplacer après vingt et une heures, or la plupart des situations de crise surviennent le soir ou la nuit. On ne compte pas les dysfonctionnements de ce genre...

La narration des péripéties que les miens ont rencontrées en tentant de me faire hospitaliser ressemble à un long « bêtisier » de fin d'année. Lors des deux dernières procédures, j'ai connu trois transferts en trois jours de placement, le temps de trouver le bon hôpital conforme à la loi de sectorisation ! Mon épouse n'a que rarement été informée de ces changements, et j'avais un accès restreint au téléphone. Elle a souvent dû apprendre à courir pour me rattraper... Je répète que ces événements ont eu lieu en province, il semblerait qu'à Paris le système soit mieux structuré.

Le traumatisme psychologique provoqué par une hospitalisation sous contrainte est dur et, à mon avis, sous-estimé par le corps médical. Se retrouver enfermé, perdre la liberté de disposer de son corps, de communiquer, de téléphoner, a comme un goût d'univers carcéral. Si, pour des motifs souvent discutables, cette prison se resserre encore, elle devient une « cellule d'isolement », c'est-à-dire une pièce exiguë, avec un mètre d'espace autour d'un matelas posé à même le sol ou sur un sommier fixé et rien d'autre, ni chaise, ni table, tout juste un pot de chambre en plastique et un broc d'eau dont la consommation est limitée. On se croirait au mitard. Cette cellule d'isolement porte bien son nom, aucun stimulus visuel ou auditif n'y parvient. S'il y a des vitres – incassables bien sûr –, elles sont peintes ou recouvertes d'autocollants ; la porte d'accès est double et constitue un sas d'isolation phonique. Durant ce baptême barbare de l'hospitalisation psychiatrique, les visites des proches sont proscrites, la distribution des plateaux-repas est notre seul contact avec l'extérieur... parfois la monotonie n'est même pas rompue : on se contente de glisser le plateau sous la porte. Alors nous perdons tout repère temporel, nous ruminons une haine du corps médical et de la famille qui a contribué à mettre cela en place, à nous offrir cette abomination. Qui pourrait affirmer que l'homme serait le seul animal à pouvoir se calmer dans de telles conditions ? Il me paraît évident qu'elles sont seulement propices à attiser l'agitation.

Le sordide ne s'arrête pas là... il nous faut aussi subir des injections sous contrainte qui ressemblent de près à des exécutions capitales. Notre culture judéo-chrétienne présente le corps comme le support mortel de l'âme immortelle. Ces injections me laissent le souvenir de mon corps vivant regardant mourir l'âme qu'il porte. Prodiguées à la demande de ceux qui prétendent nous aimer, elles anéantissent notre être, notre ego, tout ce à quoi nous tenions le plus et que nous pensions éternel. Ajoutez à cela que la maladie nous fait vivre les piqûres comme un insoutenable cauchemar éveillé, et vous comprendrez mieux mon sentiment intense et dur d'avoir été exécuté plusieurs fois... Mes réactions ont été loin de ces clichés frelatés et aseptisés de condamnés à mort sereins, presque participatifs, que la télévision ose nous offrir : j'ai crié, j'ai hurlé, je me suis débattu. Rien d'aseptisé, rien de serein ; un désespéré gesticulant, prêt à tout pour sauver sa vie. J'ai fini par surnommer ma psychiatre « docteur Mengele[1] ».

Ces premières injections de neuroleptiques ont été assez fortes, provoquant des perturbations du système pyramidal (la voie de transmission des mouvements volontaires) qui me faisaient porter la tête un peu de travers, laissaient un rictus au coin de la bouche, auquel s'ajoutaient des difficultés de locomotion et d'élocution, une concentration quasi impossible... La dégradation de mon état semblait liée plus aux médicaments qu'à la maladie. À cette époque, en 1996-1997, je percevais les traitements pharmaceutiques comme une forme d'empoisonnement, et j'utilisais toutes les ruses possibles pour en éviter – vainement – l'implacable cérémonial. Je vivais ces événements comme une trahison de ma famille, complice d'une médecine assassine. Ce sentiment était amplifié par le fait que je n'avais jamais été informé des conséquences indésirables de ces médicaments. La disparition de ma libido était un de ces effets pervers. Je n'ai pas ménagé ma psychiatre et l'ai qualifiée de castratrice. Nos rapports étaient houleux, cet effet secondaire en cachait sans doute d'autres, peut-être irréversibles ; je n'avais pas confiance. Ma révolte fut si forte que je me rappelle avoir un jour profité d'un moment d'inattention de mon épouse venue me rendre visite, pour la pousser dans une cellule d'isolement et claquer la porte. Je voulais qu'elle fasse connaissance avec la claustrophobie que l'isolement génère, lui offrir un échantillon de ce traitement inhumain. Cette

1. « Médecin » du camp d'Auschwitz-Birkenau, surnommé l'« ange de la mort », dont les expériences barbares sur les détenus juifs sont restées tristement célèbres.

expérience dura une dizaine de minutes, jusqu'à ce que les personnels se rendent compte de la supercherie.

Les lois en la matière paraissent inopérantes. Le rapport 2000 de la Cour des comptes relève une augmentation de près de 50 % des hospitalisations sous contrainte en dix ans. Il souligne la profonde hétérogénéité de la qualité des services hospitaliers selon les régions, les secteurs, et dénonce des conditions matérielles, sanitaires, souvent déplorables. Les pouvoirs régionaux préfèrent manifestement investir dans des ronds-points plutôt que dans des locaux de médecine psychiatrique... On n'imagine guère les malades mentaux contester massivement l'injustice, comme le feraient d'autres minorités ; il ne nous reste plus qu'à compter sur le sens de la responsabilité de nos élus. J'espère que le rapport de la Cour des comptes servira d'avertissement.

On ne peut de toute façon pas calquer l'image de l'hôpital psychiatrique sur celle de l'hôpital somatique, mettre en place les mêmes moyens en matière de soins. Malgré des efforts pour lui rendre un minimum de décence, il restera entaché de ce traumatisme psychologique, du rejet de ce qui se dissimule derrière cette incroyable variété de vocables : asilaire, aliéné, fou, psychopathe, parano, cinglé, abruti, idiot, crétin, dément, imbécile, stupide, insensé, irresponsable, forcené, schizophrène, délirant, borné, bête, arriéré, sot, stupide, débile, déraisonnable, absurde, extravagant, bizarre, inconscient, fanatique, enragé, exalté, anormal, obtus, limité, étroit, excentrique, aberrant, irrationnel, halluciné, benêt, niais, nigaud, simplet, ahuri, étrange, insolite, taré, inintelligent, illogique, déséquilibré, détraqué, dadais, godiche, inepte, arriéré, bouché, désaxé, obsédé. Ce sont cinquante-huit mots qui qualifient le fou ou la folie... Existe-t-il d'autres concepts si richement représentés par la langue française ?

L'hôpital somatique ne connaît pas la contrainte, la psychiatrie ne peut s'en passer. Où commence le droit d'une société à priver de liberté l'un de ses membres ? Quelle doit être la nature de cette privation ? Ces questions sont vastes et complexes, et les réponses apportées par les différents pays démocratiques bien souvent loin de la perfection... Les critiques restent recevables. Et pourtant, malgré mon dynamisme et ma volonté de participer à des groupes de réflexion sur ce thème, il ne m'a jamais été possible de le faire : le domaine semble figé, chasse gardée des médecins. Je serais fort étonné que les principaux intéressés, les malades eux-mêmes, aient souvent eu l'occasion de s'exprimer sur le sujet.

En matière de justice, les droits de l'homme sont sans ambiguïté : on est présumé innocent jusqu'à ce qu'un jugement nous déclare coupable et nous inflige une peine. Du délit à la sanction, la chronologie est claire et assortie d'un principe d'équilibre entre accusation et défense. La psychiatrie bouleverse cette logique et cette chronologie, puisque la peine peut intervenir avant la faute. Il n'y a de plus aucun recours : la décision est prise par un seul homme, le médecin, à la fois procureur, avocat et juge. Il existe bien une commission départementale qui vise à contrôler ce type d'abus, la CDHP[1], mais j'imagine qu'elle n'est pas légère à bouger... Dans certains pays occidentaux, la justice a un droit de regard sur ces décisions de privation de liberté.

1. Commission départementale des hospitalisations psychiatriques.

Bien des internements abusifs ont eu lieu ces dernières années, mais le sujet est verrouillé, tabou.

Alors que l'on déplore dans notre pays ces excès d'internements, il n'est pas rare non plus de se trouver dans la position inverse, de rencontrer des difficultés insurmontables pour pratiquer une hospitalisation sous contrainte justifiée, indispensable. Les médecins généralistes en province, et encore plus en campagne, répugnent à ce genre d'exercice, par un souci de clientélisme qu'on pourrait trouver légitime... Ce risque est sans doute moindre dans les grandes villes où l'anonymat est mieux préservé.

Dans la confusion, ou peut-être la précipitation, mes proches ont accumulé les ratés. Ils n'ont jamais simplement pensé à recourir au SAMU, et se sont fourvoyés dans la recherche d'une seconde signature de médecin pour faire valider leur demande et obtenir une ambulance. Le SAMU constitue en la matière la solution la plus simple, procurant à la fois la présence d'un médecin qui pourra assurer la première signature (la seconde étant obtenue sur le lieu de l'hospitalisation) et surtout un système de transport bien plus fiable que celui des ambulances privées.

Je le répète, mes HDT (signées par la famille et deux médecins) et mes HO (signées par le préfet), soit en tout cinq procédures, se sont toutes déroulées dans des conditions rocambolesques, même s'il est vrai que deux d'entre elles ont eu lieu outre-mer, et que par trois fois ma femme a dû me « courir après » car je me déplaçais sans cesse, fuyant l'hospitalisation qu'elle voulait m'imposer.

La décision de faire hospitaliser sous contrainte un membre de sa famille est lourde de conséquences et de responsabilité. Si l'organisme d'accueil (dans tous les cas un hôpital public) offre un confort satisfaisant, il sera plus aisé de reconstituer les liens familiaux détruits par cette procédure. Malheureusement, comme le souligne la Cour des comptes, le confort minimum exigible n'est que rarement au rendez-vous. La responsabilité de cette situation reposera sur les proches : « Non seulement vous me faites enfermer, mais en plus dans un endroit sordide. » Notons tout de même une nouveauté appréciable : naguère les infirmiers psychiatriques n'étaient formés qu'à ce seul secteur, aujourd'hui les formations sont mixtes, somatiques et psychiatriques. L'ambiance des services a beaucoup profité de cette mesure ; au contact de ces nouveaux infirmiers, les « anciens » ont souvent été contraints de changer leur approche du métier, ce qui ne fut pas toujours aisé. Pour nous, les malades, le progrès est considérable.

Au-delà des critiques parfois virulentes que je porte sur la psychiatrie, je tiens à conclure sur une note claire : notre salut est auprès de cette médecine-là, et pas ailleurs.

Les mesures de protection des biens

Un maniaco-dépressif en phase d'excitation, désinhibé, est assailli par une multitude de désirs qu'il n'imagine pas ne pas satisfaire, que ces désirs lui soient matériellement accessibles ou pas... Jean-Alain est ainsi pris d'une « fièvre acheteuse » – de luxe, naturellement – qui le pousse à vider le compte bancaire familial pour s'acheter une voiture de sport, à fréquenter les palaces et les grands restaurants parisiens, à renouveler sa garde-robe,... On rencontre fréquemment des patients qui sortent ruinés ou désargentés d'une crise maniaque. À l'extrême, d'autres, comme M. N... cité plus haut – à court de liquidités mais désireux de maintenir leur train de vie princier –, optent pour la délinquance et l'escroquerie.

J'ai également le souvenir d'un membre de l'association France-Dépression qui avait pris la décision de monter sa propre société de conseil en abandonnant un emploi stable qui lui permettait de vivre décemment. Les conséquences financières de cette décision furent dramatiques et aboutirent à une plainte déposée devant le tribunal correctionnel. Le diagnostic de la maladie bipolaire ne fut évoqué qu'après la faillite, et la plainte court toujours.

Ce risque élevé d'investissements inconsidérés, de dépenses excessives, incontrôlées, justifie l'adoption de mesures de protection des biens destinées à protéger un malade trop prodigue ou incapable d'organiser et de gérer son budget.

La mesure doit être argumentée ; priver une personne de ses droits civiques peut avoir de lourdes conséquences psychologiques et matérielles sur elle, mais aussi sur le reste de sa famille. Dans tous les cas, il faut savoir qu'elles peuvent n'être que transitoires, et que l'intéressé a le droit de demander une mainlevée.

Il existe trois mesures de protection des biens. La *sauvegarde de justice* peut s'appliquer en urgence ; elle ne porte pas atteinte à la capacité civile, et est temporaire (valable deux mois et renouvelable pour une durée de six mois). Elle permet de revenir sur l'acquisition d'un bien, particulièrement lorsqu'il s'agit d'un abus de faiblesse.

La *curatelle* a pour but de conseiller, de contrôler et d'assister une personne dans les actes de la vie civile : il s'agit d'un régime d'incapacité partielle. Elle est aussi justifiée lorsqu'un individu par sa prodigalité, son intempérance ou son oisiveté, compromet l'exécution de ses obligations familiales. Le majeur sous curatelle peut percevoir et utiliser seul ses revenus, conclure un bail d'habitation, établir un testament, voter. En revanche, il est assisté de son curateur pour les ventes de biens immobiliers, les donations et le mariage.

Lorsqu'elle est aggravée (on parle alors de « curatelle 512 »), elle se rapproche de la *tutelle*, qui permet de représenter de façon continue la personne à protéger et est un régime d'incapacité complète. Elle nécessite, comme la curatelle, le certificat d'un médecin psychiatre qui figure sur une liste établie par le procureur de la République. Le malade sous tutelle perd ses droits civiques, son droit de vote. Le tuteur, désigné par le juge des tutelles, gère seul le patrimoine et les revenus de la personne protégée, mais demande l'autorisation du juge pour certains actes, comme des ventes d'immeuble, et doit lui présenter ses comptes.

Le rapport à la loi est un sujet partiellement décrit dans les ouvrages spécialisés. Les modalités d'hospitalisation sous contrainte et les mesures de protection des biens y sont assez largement développées. En revanche, on n'aborde presque jamais les thèmes pourtant cruciaux des infractions, des délits, des crimes. Or, très souvent, au cours des consultations, les patients évoquent leurs antécédents judiciaires un peu comme des victimes, sans prendre bien conscience que leurs actes étaient plus ou moins imputables à leur maladie. Il reste donc à informer avocats et magistrats de la réalité de ce trouble et de ses possibles conséquences.

Conclusion

Vivre avec des hauts et des bas est le fruit de la réflexion de deux personnes concernées de façons différentes par les troubles bipolaires. Il a été écrit sans porter atteinte au secret médical, les auteurs n'étant unis par aucun lien thérapeutique. Une rencontre, une empathie réciproque (peut-être favorisée par des tempéraments voisins), la naissance d'une amitié et la conviction partagée de l'utilité d'une information sur la maladie nous ont conduits à porter sur ce trouble nos éclairages spécifiques et complémentaires : le récit d'un vécu d'une part, et un discours médical d'autre part.

La perception et la compréhension que nous avons de cette maladie a évolué au fil des ans. Lors de son premier accès, en 1993, Jean-Alain avait vécu une aventure angoissante dont il ne mesurait pas la dimension pathologique. Ce n'est qu'après plusieurs années et plusieurs rechutes qu'un nom a été donné à son trouble et qu'une prise en charge adaptée a été mise en place. Peu à peu, Jean-Alain a appris à connaître sa maladie. Son épouse et ses deux filles ont alors pu comprendre ses excès et l'aider dans les phases difficiles de la maladie : elles acceptent mieux sa maladie.

Un certain intérêt pour la psychiatrie biologique m'avait, au début des années 1980, conduit à sous-évaluer l'impact de ces facteurs, et donc à limiter la place des psychothérapies dans la prise en charge des patients bipolaires. Cette position radicale et réductionniste m'effraie avec la distance, au même titre que les discours de certains soignants qui rejettent en bloc la dimension biologique de la maladie et l'aide procurée par les médications.

Les réunions d'information qui se sont déroulées à l'hôpital Sainte-Anne, dans le service des Pr Lôo et Olié, ont été aussi riches en échanges que vingt ans de pratique consacrés à ce trouble. C'est d'ailleurs au cours d'une de ces réunions que Jean-Alain a accepté de corédiger cet ouvrage, et d'y apporter l'élément fondamental : « le récit ».

Enfin nous proposons de clore ces réflexions sur une « charte » des droits élémentaires que devraient pouvoir revendiquer tous les patients bipolaires.

Charte des droits du bipolaire

— J'ai le droit de rire, de pleurer, de crier, de me plaindre, de me mettre en colère sans que l'on me dise « Tu as oublié ton traitement, tu n'as pas pris tes pilules ! » ; « Va voir ton psy ! »

— J'ai le droit de ne pas prendre de décision au cours d'une phase d'excitation puis de dépression.

— J'ai le droit d'avoir une relation amoureuse sans que personne ne s'en mêle.

— J'ai le droit de m'acheter des chaussures rouges ou de faire des cadeaux sans que l'on me dise systématiquement : « Tu es en train de virer ! » « Tu es *up* ! » « Ça y est, ça recommence ! »

— J'ai le droit de conserver mon originalité.

— J'ai le droit de dire « Je suis bipolaire » ; « Je suis maniaco » ; « Je suis maniaco-dépressif » ; « Je suis cyclothymique » ; « Je suis MD » ; malheureusement, je ne peux en réalité le dire à personne, et surtout pas à mon employeur.

— J'ai le droit qu'on me regarde sans avoir l'impression d'être une bête curieuse.

— J'ai le droit de téléphoner à mon médecin ou à son remplaçant si je me sens mal.

— J'ai le droit que ma carte de Sécurité sociale ne porte pas la mention « ALD [1] 30 ».

— J'ai le droit de dire que j'ai rendez-vous avec mon psy.

— J'ai le droit d'avoir deux psys.

— J'ai le droit que mon conjoint m'accompagne chez mon psy, mais ne le consulte pas.

— J'ai le droit de ne pas raconter le contenu de ma consultation à mon conjoint, mais j'ai aussi le droit de lui répéter ce qui m'a semblé important, ou ce que le médecin m'a recommandé de lui dire.

— J'ai le droit de dormir quand je veux, quand j'en ai besoin.

— J'ai le droit de changer de psychiatre, même si je suis suivi à l'hôpital ou dans un dispensaire.

— J'ai le droit de demander un avis à un autre psychiatre.

— J'ai le droit de poser des questions à mon psy.

— J'ai le droit de dire à mon psy que je ne suis pas d'accord avec ses explications.

— J'ai le droit de me plaindre des effets indésirables des médicaments.

— J'ai le droit d'avoir des informations sur les risques du traitement et de la maladie.

---

1. Affection longue durée.

— J'ai le droit à un prêt financier.

— J'ai le droit à une vie de couple, à une vie sociale.

— J'ai le droit d'être moins performant du fait des traitements et de la maladie sans en supporter les conséquences.

— J'ai le droit de ne plus entendre : « Ah ! je te préfère quand tu es déprimé(e) ! »

— J'ai le droit de trembler sans m'entendre dire : « Tu as la tremblote ! »

— J'ai le droit d'avoir des défaillances sexuelles sans que l'on puisse remettre en cause ma virilité.

— J'ai le droit de ne pas atteindre l'orgasme sans me faire traiter de frigide.

— J'ai le droit de refuser de boire de l'alcool à un dîner sans être obligé de me justifier et de dire que j'ai fait récemment une hépatite et que l'alcool m'est contre-indiqué.

— J'ai le droit, lors d'une reprise du travail, de ne pas donner d'explications compliquées : « J'ai fait une pneumopathie, une mauvaise grippe... »

— J'ai le droit de dire à mon conjoint : « Je n'ai pas envie de discuter, ce n'est pas le moment, je ne suis pas en forme. »

— J'ai le droit de refuser de sortir.

— J'ai le droit de répondre : « Non, ce n'est pas possible, je suis surchargé de travail. »

— J'ai le droit de demander : « Baisse cette musique, elle me casse les oreilles. »

— J'ai le droit de sortir d'un cinéma si le film m'angoisse.

— J'ai le droit que le terme maniaque ne soit pas assimilé à celui de pervers.

— J'ai le droit de prendre des médicaments devant d'autres personnes, à la cantine, à un dîner, sans culpabiliser ou rechercher toutes sortes d'excuses.

Conseils généraux

Pour compléter les conseils déjà dispensés au fil de cet ouvrage, nous ajoutons cette liste de recommandations qui peuvent grandement contribuer à prévenir l'apparition de la maladie ou des rechutes chez les personnes fragilisées. Si l'on ne peut, hélas ! pas toujours les mettre en œuvre, tâchons au moins de les garder en tête afin de savoir identifier les possibles facteurs déclenchants, les situations dangereuses, que le quotidien nous réserve.

— Prenez régulièrement vos médicaments et méfiez-vous des périodes de vacances où « on se sent mieux et on oublie ».

— Respectez les durées de prescription : le traitement est à la fois curatif et préventif.

— N'oubliez pas les rendez-vous avec le psychiatre et le psychothérapeute. Prévenez en cas de maladie.

— Inventoriez les activités ludiques et agréables.

— Évitez les situations de stress : surmenage, tensions...

— Évitez les situations anxiogènes. Travaillez avec votre psychothérapeute à limiter les expositions.

— En cas de pression professionnelle, discutez avec votre employeur des aménagements possibles du travail.

— Prudence en ce qui concerne les engagements amoureux lors des périodes d'excitation...

— Évitez la solitude. Seul, on ressent plus de pensées négatives. Participez à des activités collectives, inscrivez-vous à un club de sport, à un club de rencontres...

— Évitez d'avoir un emploi du temps trop chargé et des objectifs irréalistes. Ne soyez pas trop dur, pas trop exigeant envers vous-même.

— Bannissez les livres, les films, la musique, les émissions qui peuvent être source d'angoisse.

— Fixez-vous des échéances. Dessinez-vous un horizon.

— Évitez la procrastination, ne remettez pas au lendemain. Répondez au courrier, payez à temps vos factures, vos impôts...

— Aménagez des temps de loisirs, des activités ludiques, prenez le temps d'assister à des manifestations culturelles.

— Faites des pauses pendant la journée.

— Ne vous sentez pas obligé d'expliquer votre malaise.

— Aidez les plus défavorisés, trouvez des sources de gratification personnelle.

— Rappelez-vous que l'alcool et les drogues sont dépressogènes.

— Ne prenez pas de décisions importantes lors des épisodes dépressifs ou maniaques.

— Prenez soin de votre corps, faites attention à votre régime alimentaire, évitez les surpoids.

— Téléphonez en cas de passage difficile, utilisez l'e-mail.

— Faites-vous masser, profitez des techniques de relaxation, de bien-être.

— Jouez avec des enfants, avec des animaux.

Et surtout souvenez-vous qu'il est important de rire chaque jour...

Bibliographie

La dépression

CUCHE, Henry et GÉRARD, Alain, *Je vais craquer,* Paris, Flammarion, 1988

CUCHE, Henry et LÔO, Henri, *Je suis déprimé mais je me soigne,* Paris, J'ai lu, coll. Bien-être, 1999

DENIKER, Pierre, *La Dépression : fin du tunnel,* Paris, Plon, 1987

STYRON, William, *Face aux ténèbres : chronique d'une folie,* Paris, Gallimard, coll. Du monde entier, 1990

Le trouble bipolaire

HARDY-BAYLÉ, Marie-Christine et HARDY, Patrick, *Maniaco-dépressif — L'Histoire de Pierre,* Paris, Éditions Odile Jacob, 1996

KRAEPLIN, Emil, *La Folie maniaco-dépressive,* Grenoble, Éditions Jérôme Million, 1993

JAMISON, Kay Redfield, *De l'exaltation à la dépression,* Paris, Robert Laffont, coll. Réponses, 1997

LÔO, Henri, OLIÉ, Jean-Pierre et GAY, Christian, *Le Déprimé et son lithium,* Paris, Masson, coll. Médecine et psychothérapie, 1989

Guides

GAY, Christian et GÉRARD, Alain, *Guide des médicaments « psy »,* Paris, Hachette, coll. Le livre de poche, 2001

TRIBOLET, Serge et DESSUS, George Martine, *Droit et psychiatrie, guide pratique*, Paris, Éditions Heures de France, 1995

UNAFAM, *Comment vivre avec un malade psychique*, Éditions Josette Lyon, 2001

Pour en savoir plus

BOURGEOIS, Marc-Louis, VERDOUX, Hélène, *Les Troubles bipolaires de l'humeur,* Paris, Masson, 1995

GAY, Christian, *Pratique de la lithiothérapie — Consensus et controverses*, Paris, Doin, 1999.

OLIÉ, Jean-Pierre, LÔO, Henri, POIRIER, Marie-France, *Les Maladies dépressives*, Paris, Flammarion (nouvelle édition 2002-2003)

Adresses utiles

ARGOS 2001 — Association d'aide aux personnes atteintes de troubles bipolaires (maniaco-dépressifs) et à leur entourage

38, rue de la Tour Auvergne, BP 132 75422 Paris Cedex 09

01 69 24 22 90

E-mail : argos.2001@free.fr

Site Internet : http ://argos.2001.free.fr/

FRANCE-DÉPRESSION — Association française contre la dépression et la maladie maniaco-dépressive

4, rue Vigée Lebrun, 75015 Paris

01 40 61 05 66

E-mail : france.depression@libertysurf.fr

UNAFAM — Union nationale des amis et familles de malades mentaux

12, villa Compoint, 75017 Paris

01 42 63 03 03

Site Internet : http ://www.unafam.org/

Réunions d'information à l'hôpital Sainte-Anne (service des Pr. Lôo et Olié).

Renseignements : 01 45 65 81 50

Glossaire

AFFECTIF : terme utilisé en psychiatrie pour désigner le moral ou l'humeur.

ANTIDÉPRESSEUR : médicament qui corrige ou relève l'humeur dépressive.

ANTIMANIAQUE : médicament qui traite l'état d'excitation maniaque. Les principaux antimaniaques sont les neuroleptiques et les thymorégulateurs (sels de lithium...).

ANTIPSYCHOTIQUE : terme parfois utilisé pour décrire les médicaments traitant les psychoses. On emploie plus fréquemment le terme de « neuroleptique ». Correspond aussi à une nouvelle classe de produits qui n'ont pas les effets neurologiques des neuroleptiques.

ANXIÉTÉ : état émotionnel pénible, caractérisé par

un sentiment d'alarme, de danger, voire de sensation de mort imminente, et par des manifestations psychiques et physiques diverses.

ANXIOLYTIQUE : se dit des médicaments qui traitent l'anxiété. Le terme de « tranquillisant » est aussi utilisé pour qualifier cette classe de médicaments.

BOULIMIE : trouble du comportement alimentaire caractérisé par des envies incontrôlables d'absorber des aliments.

DÉLIRE : activité psychique anormale caractérisée par des idées fausses.

DÉPENDANCE : il y a dépendance à un médicament lorsque l'organisme ne peut plus se passer de ce médicament. En cas d'arrêt brutal, l'organisme réagira par des manifestations de sevrage. La dépendance peut-être psychique, ou physique et psychique. Les benzodiazépines sont des médicaments qui engendrent à la fois une dépendance physique et psychique.

DÉPRESSION : maladie psychiatrique caractérisée par une souffrance psychique, un désintérêt, une fatigue intellectuelle et physique, des troubles de l'alimentation et du sommeil.

DÉPRESSION RÉCURRENTE : type de dépression (encore dénommée dépression unipolaire) dont la caractéristique principale est la récidive, qui justifie un traitement au long cours, c'est-à-dire sur plusieurs années.

Endogène : par opposition à exogène, se dit de maladies qui surviennent en apparence sans l'influence de causes extérieures, à l'intérieur d'un organisme. Les troubles bipolaires ou les dépressions endogènes sont souvent héréditaires. Dans ce cas précis, ce terme est sujet à caution car nombre de cliniciens estiment qu'il existe un faisceau de causes responsables de la maladie, et non une seule.

Humeur : tonalité émotionnelle qui peut être mélancolique, triste, normale, joyeuse, voire euphorique. On dit aussi « thymie ».

Hypersomnie : par opposition à insomnie, l'hypersomnie est une augmentation anormale de la durée du sommeil.

Hypnotique : classe de médicaments utilisés pour traiter les insomnies (« somnifère » dans le langage courant).

Insomnie : trouble du sommeil caractérisé par une diminution anormale du temps de sommeil.

Manie : terme médical qui désigne l'envers de la dépression, l'excitation.

MÉLANCOLIE : dans sa terminologie classique, dépression très grave qui justifie un traitement d'urgence.

NEUROLEPTIQUE : médicament majeur utilisé pour traiter l'excitation, les hallucinations, les délires, l'angoisse.

OBSERVANCE : suivi du traitement. L'observance d'un traitement est l'application des conseils et des prescriptions du médecin. Elle concerne les dosages, la répartition des prises et la durée du traitement.

PSYCHOSE : maladie mentale caractérisée par une rupture avec la réalité et parfois un syndrome déficitaire.

PSYCHOTROPE : désigne l'ensemble des médicaments exerçant une action sur le fonctionnement psychique.

RECHUTE : la rechute d'une maladie survient lorsque ses symptômes réapparaissent après une période de rémission sous traitement. la rechute coïncide souvent avec la diminution, voire l'arrêt, du traitement.

RÉCIDIVE : la récidive d'une maladie survient après une guérison prolongée. Il s'agit en fait d'un nouvel accès, indépendant du précédent.

RÉSISTANCE : on dit qu'il y a résistance à un traitement lorsque ce traitement n'a pas entraîné d'amélioration malgré des doses efficaces et une durée suffisamment prolongée.

Schizophrénie : maladie mentale qui fait partie des psychoses et pour laquelle des traitements neuroleptiques sont fréquemment prescrits.

Sérotonine : substance présente dans l'organisme et le cerveau, qui joue un rôle dans la dépression, le sommeil, la douleur. Certains médicaments antidépresseurs augmentent sa concentration cérébrale

Sevrage : le sevrage correspond à l'arrêt d'une substance. Si cette substance entraîne une dépendance de l'organisme, il y aura une réaction de sevrage, c'est-à-dire la survenue de manifestations somatiques et/ou psychiques.

Stress : ensemble de réactions physiques et psychiques déclenché par une stimulation.

Thymie : synonyme d'humeur.

Thymorégulateur : famille de médicaments qui régularisent l'humeur. Ils protègent contre la survenue ou la récidive d'épisodes maniaques ou dépressifs. Le chef de file des thymorégulateurs est le lithium.

Tolérance : phénomène qui concerne certains médicaments auxquels l'organisme peut s'habituer, et qui rend nécessaire l'augmentation des doses. Ce terme est synonyme d'« accoutumance ».

TROUBLE OBSESSIONNEL : le terme le plus souvent employé pour définir ce trouble est TOC, c'est-à-dire « trouble obsessionnel compulsif ». Cette dénomination correspond à l'ancienne appellation de « névrose obsessionnelle ».

TROUBLE PANIQUE : trouble anxieux qui se caractérise par une répétition de crises d'angoisse (attaques de panique) et une anxiété d'anticipation (sorte de peur d'avoir peur).

Table des matières

Ce volume a été composé
par Nord Compo
et achevé d'imprimer en mai 2003
par ***Bussière Camedan Imprimeries***
à Saint-Amand-Montrond (Cher)
pour le compte des éditions Hachette

N° d'édition : 40797. — N° d'impression : 032521/4.
Dépôt légal : mai 2003.

Imprimé en France

ISBN : 2-01-2356214